Einfach genial gärtnern!

Meine besten »Mach-es-so«-Tipps

KARL PLOBERGER

blv

Inhalt

Einfach genial gärtnern 9

So beginnt's 11

Der Traum vom Süden 13
Schau auf die Sonne –
   ein wenig beobachten 13
Zugluft – wenn der Wind
   ums Gemüse pfeift.................. 14
Die Mühen der Ebene – der steile Aufstieg.. 15
Energie fürs Gärtnern rund ums Jahr 16

Darin wächst's 19

Die Basis fürs einfache Gärtnern 21
Kartoffeln stehen am Beginn 21
So erkenne ich meinen Boden 22
Wir bleiben steinreich! 23
Humus – woher kommst du? 24
Mühelos zum Kompost 26
Erde aus der Packung 28

Die tollsten Typen zum Vernaschen 31

Die Liebe fürs junge Grün
erwacht........................ 33
Auf dem Weg zum »Junggärtner« 33
Die Top 10 der Gemüsecharts ... 34
»Pomi d'oro« – die Tomate 36
Scharfe Zeiten – Chili und Paprika 38
Geliebte »Italiener« – Zucchini 40

Alles Salat – Grünzeug für jede Gelegenheit	42
Die tollen Knollen – Kartoffeln	44
5 Gemüse, die man nicht von der Beetkante stoßen sollte	46

Kräuter – die würzigen Typen 48

Basilikum – das Aroma des Südens	50
Petersilie – Küchenkraut als Männerduft?! . . .	52
Kresse – flottes Kraut mit viel Würze.	53
Schnittlauch – Zwiebelgewächs mit Tradition	54
Mediterrane Typen	56

Beerige Zeiten – die Top-Charts . . 60

Die Erdbeere – einfach köstlich!	60
Die Himbeere – rot und »heiß wie die Liebe«.	61
Die Johannisbeere – sauer macht lustig	62
Die Brombeere – nochmals sauer	63
Die Stachelbeere – grüne Köstlichkeit	63
Die Newcomer im Beerenreich	64

Obst – ein Genuss für den Gaumen 66

Einfach genial – Obst vom eigenen Baum. . .	66
Mein Apfel aus dem Paradies	68
Apfelbäume in Säulenform	69
Die süßesten Kirschen – wachsen vor der Nase	70
Zwetschge oder Pflaume – Hauptsache sie schmeckt!.	71
Aprikosen wachsen an der Hauswand	72
Pfirsiche – die saftigsten Früchtchen	74
Auch Birnen geben sich schlank	74

Inhalt

Die tollsten Typen zum Bewundern 77

Kein Paradies ohne Blüten 79
Mit offenen Augen auf Pflanzenjagd 79
Frühlingsgefühle im Herbst – Zwiebelblumen 80
Rosen – da beginnen Gartenträume 82
Farbenfrohes Spektakel – Sommerblumen 86
Kein Garten ohne Stauden 88

Da wachsen Bäume in den Himmel............ 92
Die 7 besten Hecken für den Garten 92
Die Blütenreichsten 94
Die Schlanksten 96
Die Flottesten 98
Die Immergrünen 100
Die Zwergigen 102
Die Kugeligen 104
Die Außergewöhnlichsten 106

So wird's groß 109

Vom Samenkorn zur perfekten Pflanze 111
Fragen über Fragen 111
Jeder fängt klein an – so wird gesät 112
Lass dich pflanzen! 114
Niemals nackt – das Mulchen 116
Genießen statt gießen 118
Gießen mit Köpfchen 120
Alles Gute kommt aus der Tonne 122
Auch Pflanzen haben Hunger 124
Schneidige Zeiten 126

Die Querschießer 129

Kein Gärtner kann in Frieden leben… 131

Vorbeugen ist die beste Heilung … 131
Die hungrigsten Besucher … 132
Die lästigsten Besucher … 136
Krankheiten, auf die man verzichten könnte … 138

Alles Wichtige zum Schluss 141

Ein Garten ist wie eine Wohnung! 143

Planen von Anfang an … 143

Kein Garten ohne Rasen … 144
Bequemer geht's nicht – das Hochbeet … 146
Wasser zum Wohlfühlen … 148
Blumenbeete – für viele Jahre … 150
Die schönsten Sommerblumen … 152
Der eigene Gemüsegarten … 154
Kiesgärten – steinreich und voller Blüten … 158
Schattenseiten im Garten … 160
Ein Hang zum Gärtnern … 162

Anhang 164

Adressen, die Ihnen weiterhelfen … 164
Stichwortverzeichnis … 166
Über den Autor … 168

Einfach genial Gärtnern

Laufen, Radfahren, Klettern – alles cool. Aber Gärtnern? Das ist doch nur etwas für Ältere! Richtig – aber nicht nur. Schon lange nicht mehr. Wer heute im Frühjahr in die Gartencenter geht, sieht, wie vom Studentenpärchen bis zu den Jungfamilien alle auf Grünkauf sind. Gemüse, Kräuter, aber auch kleine Obstbäume und vor allem das Beerenobst stehen hoch im Kurs. Und so wird gepflanzt und gepflegt, gegossen und – geerntet. Der Genuss ist bei der neuen Gartengeneration das Wichtigste. Genuss, der aber nicht bloß auf dem Teller landet, sondern auch Genuss im Garten. Chillen unterm Zitronenbaum. Einen Cocktail unter Palmen. Das alles aber nicht fernab nach langen Flugreisen, sondern gleich auf der Terrasse oder dem Balkon. Denn Gärtnern ist längst nicht mehr an den Garten, das kleine (meist sehr teure) Stück Boden reduziert, sondern findet überall statt. Ich erinnere mich noch sehr gut an eine E-Mail, die ich von einem jungen (vermutlich Studenten-)Paar erhielt. Sie hatten Probleme mit ihren Tomaten. Nach den Tipps der Oma – »die müsst ihr ausgeizen« – haben sie alles, was nicht nach Blättern aussah, entfernt. Mit dabei waren auch die Blüten und so gab es zwar herrlich gewachsene, fast zweieinhalb Meter hohe Stauden, aber keine Früchte. Im Telefonat mit den beiden sprach ich ihnen Mut zu, erzählte von den vielen Rückschlägen, die man als Gärtner zwar erleidet, aber immer als Herausforderung ansieht. Und siehe da: Im Jahr darauf kam das Bild vom üppigen Tomatengarten auf dem Balkon der Studenten-WG. Und weil es so gut klappte, wurden gleich auch noch Kräuter und Beerensträucher angepflanzt. Alles in Plastikeimern, alten Holzkisten und Töpfen, die sie im Garten der Eltern fanden. So anders das Leben der jungen Menschen heute stattfindet, diese »Wurzeln« (im wahrsten Sinne des Wortes) wollen sie wieder erleben. Und so wird oft gemeinsam mit den Eltern und Großeltern »gegartelt«, wie wir Österreicher liebevoll zum Gärtnern sagen.

Dieses Buch soll einerseits Mut machen, »genial« mit dabei sein, wenn es darum geht, die Pflanzen zu ziehen, andererseits aber generationenübergreifend das beliebteste Hobby noch einfacher zu gestalten. Natürlich voll und ganz bio – also ohne Chemie und Gift. Denn das ist für alle mittlerweile klar: Wenn schon Gärtnern, dann »mit und nicht gegen die Natur«. So wie ich das seit mittlerweile mehr als 30 Jahre praktiziere.

Ich wünsche den Profis – die viele Ideen zum Ausprobieren in diesem Buch finden – genauso viel Spaß wie allen Neueinsteigern.

Freuen wir uns gemeinsam auf eine tolle Ernte! Und auf ein geniales Gartenjahr!

Karl Ploberger

PS: Freue mich über Ihre Mails!
Bitte an: karl.ploberger@biogaertner.at

So beginnt's

Es ist oft nicht die Liebe auf den ersten Blick, aber es ist eine, die wächst: Bis das erste **selbst gezogene Basilikum** wächst oder die Frühlingssonne im Liegestuhl **genossen** werden kann, heißt es **planen**. Das Motto: **Ausprobieren, aber mit Wissen.**

Der Traum vom Süden

Wer an Garten denkt, der denkt an saftig grünen Rasen, blühende Beete und natürlich all die Köstlichkeiten, die irgendwann auf dem Teller landen. Damit alles gut wächst, brauchen die Pflanzen: Sonne, Wasser, Dünger, gute Erde – und natürlich viel Liebe. Bleiben wir zunächst beim Erkunden des neuen Paradieses. Hat man viel Zeit, dann sollte man das Grundstück ein ganzes Jahr lang beobachten, bevor man loslegt.

Schau auf die Sonne – ein wenig beobachten

Wo kommt im Frühjahr die Sonne zuerst hin? Wo brennt sie unbarmherzig vom Himmel, wenn der Sommer ins Land zieht? Und wo bleibt sie dann auch noch im Herbst als Energielieferant im Garten zu sehen?

Hier beginnen die wichtigsten Entscheidungen und die sind im Garten ähnlich wie auf Balkon und Terrasse. Viele Nutzpflanzen – sprich Tomate & Co. – sind Südländer und benötigen so viel Sonne wie nur irgendwie möglich. Das gilt auch für fast alle Kräuter. Und die Beeren reifen auch in der Sonne am besten. Also was tun? Wo Sonne in Hülle und Fülle zur Verfügung steht, kommt das Gemüsebeet hin, genauso wie das Kräuterbeet oder die Beerensträucher. Dort wird es den besten Ertrag, die wenigsten Probleme durch Krankheiten und Schädlinge und die längste Erntezeit geben. Andererseits braucht jeder Garten auch seinen Schatten: für viele sehr köstliche Pflanzen (was täten wir ohne Bärlauch, Minzen oder Waldmeister…) und für die attraktivsten Sitzplätze an heißen Sommertagen.

Strukturen schaffen

Auslichten, Platz schaffen – aber Strukturen erhalten. Alte Gärten haben einen ganz großen Reiz, sind aber meist völlig zugewachsen. Nun heißt es roden – aber mit Plan. Kulissen schaffen, damit der Garten seinen Rahmen bekommt.

Bei neuen Gärten rate ich zunächst zu einer dichten Bepflanzung, wenn man dabei aber gleich überlegt, welche Gehölze man später einmal entfernt, und es sich finanziell in Grenzen hält. So entsteht nämlich rasch ein Garten mit Struktur – und bleibt es auch noch nach einigen Jahr(zehnt)en. Liegt der Garten im städtischen, bebauten Bereich, dann muss man hinnehmen, was gegeben ist. Häuser, Bürotürme, Wohnsilos: Bäume sind dann der Sichtschutz, Sträucher oft eine Lärmbremse.

Wo Sonne ist, da gibt's auch Schattenseiten! Kein Problem, sondern Chance für eine abwechslungsreiche Gestaltung.

Karl meint:
Ohne Sonne geht meist nichts! Obwohl Schatten seinen Reiz hat, ist er nichts für Gemüse, Kräuter und Obst

Zugluft – wenn der Wind ums Gemüse pfeift

Es gibt Gegenden, da fliegen beinahe die Radieschen aus der Erde, so stark bläst permanent der Wind. Für Segler eine Freude, für Gartenbesitzer aber eine Herausforderung. Einerseits werden die Pflanzen rasch abtrocknen und damit nicht so schnell durch Pilzkrankheiten in Mitleidenschaft gezogen, andererseits muss hier oft gegossen werden. Doch man kann den Wind relativ leicht bremsen.

Mauern sind keine Windbremsen

Nicht durch Mauern oder Holzwände, sondern durch dichte, hohe – manchmal sogar doppelreihige – Strauchreihen lässt sich der Wind in Schach halten. Der Wind prallt hier nicht, wie bei starren Wänden ab und wird wie eine Welle darüber geschleudert, sondern löst sich im dichten Ast- und Blattwerk regelrecht auf. Dahinter ist es meist völlig windstill. Solche Windbremsen gab es früher auf freien Ackerflächen und sie werden nun zunehmend wieder gepflanzt – nicht nur gegen den Wind, sondern auch als Oasen für viele Tiere. Genau diese Funktion hat eine Hecke (ob frei wachsend oder geschnitten) auch im Garten.

Ist wenig Platz, dann eignet sich Efeu hervorragend als besonders schlanke Windbremse: Maschendrahtzaun mit dem immergrünen Efeu bepflanzt und regelmäßig geschnitten, macht eine grüne, dichte und windbremsende Mauer.

Eine Sitzbank vor einer Hecke ist ein windgeschützter Platz, denn Blätter und Äste »zerteilen« den Luftstrom und schaffen so ein ideales Kleinklima.

Karl meint:

Segeltücher sind als Sonnenschutz gut, als Windbremse aber schon bald kaputt. Strohmatten eignen sich viel besser

Die Mühen der Ebene – der steile Aufstieg

Treppe hinauf, Treppe herunter. So geht's oft in einem Garten, der an einem Hang liegt. Doch so sehr manche gleich zu jammern beginnen: Hanggärten haben einen großen Reiz und vor allem einige entscheidende Vorteile. Dennoch muss die Planung sofort mit dem Hausbau beginnen. Nur wenn so ein Garten von Beginn an mit Idee und Grips geplant wird, hat man später damit viel Freude. Mauern – Treppen – Terrassen! Das sind die wichtigsten Elemente. Wichtig ist, dass das Verhältnis stimmt. Oft werden in der ersten Euphorie (oder auch Panik) meterhohe Stützmauern errichtet, um größere Ebenen zu schaffen. Aus der Entfernung sehen Häuser und Gärten dann fast wie Festungen aus. Besser ist es, die Terrassen etagenförmig mit einer Mindestbreite von drei bis fünf (und mehr) Metern anzulegen. Damit lassen sich Beete, aber auch kleine Sitzplätze anlegen.

Die Vorteile von Hanggärten

1. **Mehr Sonne** geht gar nicht. Ist das Grundstück in Richtung Süden ausgerichtet (oder auch noch Richtung SO oder SW), dann sind solche »Sonnenhänge« ideal zum Gärtnern.
2. In witterungsmäßig benachteiligten Regionen, wie zum Beispiel höher gelegenen Bergregionen, sind diese Hänge **die ersten, die im Frühjahr ergrünen** und bepflanzt werden können.
3. In regenreichen Gegenden sind Hanggrundstücke, wenn sie keine Probleme mit Muren etc. verursachen, rasch abgetrocknet. **Staunässe ist ein Fremdwort**.
4. Selbst **empfindliche Pflanzen** lassen sich an den Mauern kultivieren. Je nach Lage und Gegend sind aber in solchen Gärten Aprikosen- (Marillen-) oder Pfirsichbäume genauso zu finden wie Feigen oder Wein.
5. Hangbefestigungen – Mauern, Holzbohlen etc. – sehen **besonders dekorativ** aus. Sie lassen sich auch mit kleinen Bauten, wie Erdkeller oder Sitzplätzen, kombinieren.

Bei allen Bauvorhaben niemals die Statik außer Acht lassen. Immer Fachleute beiziehen. Sonst droht Gefahr.

Karls Profitipps

Es gibt zahlreiche Pflanzen, die extrem stark wurzeln und Ausläufer treiben und dadurch das Erdreich festigen. Außerdem binden sie nicht nur Humus und damit Nährstoffe, sondern auch Wasser.

In trockenen Bereichen ist der Sanddorn eine ideale und stark wurzelnde Pflanze. Setzt man »Männchen« und »Weibchen«, gibt es auch köstliche Früchte. Schlehen treiben ebenfalls viele Ausläufer und sorgen schon nach kurzer Zeit für ein dichtes, festigendes Wurzelgeflecht.

In sandigen Böden fühlt sich die Kartoffelrose *(Rosa rugosa)* wohl. Auch sie treibt Ausläufer und stabilisiert die Erde.

MACH ES SO

Hanggärten gehören zum Reizvollsten – sie sind aber auch oft eine Problemzone. Ideal ist eine Terrassierung mit Trockensteinmauern (siehe S. 162). Hier werden Steinblöcke nur mit Sand und Erde aufgeschichtet und so dahinter ebene Flächen gewonnen. Die Fugen werden bepflanzt – entweder mit mediterranen Kräutern oder Hauswurz. In den verbleibenden Löchern finden Nützlinge, wie Eidechsen oder Blindschleichen, einen Unterschlupf. Sie sind große Schneckenjäger.

SO NICHT

Mächtige Betonmauern sind in Hausgärten ein Tabu. Die scheinbare Unzerstörbarkeit macht aus den Mauern Fremdkörper, die dann mit Efeu und anderen Kletterpflanzen geschönt werden müssen.

Energie fürs Gärtnern rund ums Jahr

Ohne Sonne … kein Leben. Den Spruch hat man schon in der Schule gehört. Alles klar, aber es gibt doch Schattenrasen und Pflanzen, die auch mit wenig Licht auskommen. Das stimmt natürlich, doch wenn es um eine zufriedenstellende Ernte geht, dann kommt man in den meisten Fällen ohne Licht und Wärme (und beides liefern die Sonnenstrahlen) nicht aus.

So fange ich die Sonne ein

In klimatisch wenig begünstigten Lagen kann man mit ganz einfachen Mitteln die Wärme der Sonne »fangen«. Das beginnt mit dunklen Bodenbelägen auf Terrasse oder auf Gartenwegen. Ziegelmauern, die als Abgrenzung dienen, sind auf der Sonnenseite mit ihrem Rot eine Wärmefalle. Und natürlich darf man beim Energiesammeln die Gewächshäuser, Frühbeete oder auch bloß die Glasglocken, die so dekorativ die kleinen Pflänzchen zu Beginn schützen, nicht vergessen.

Im Zeitalter von Photovoltaik und Solaranlagen kann man damit natürlich auch Energie im Garten gewinnen und Gewächshäuser und Frühbeete heizen. Ganz einfach ist ein »Solar-Kollektor«, der aus schwarzen Plastikkanistern errichtet wird. Die Behälter werden mit Wasser gefüllt und an der Rückwand eines Anlehngewächshauses aufgeschichtet, gut fixiert und heizen sich tagsüber durch die Sonne auf. Nachts geben sie dann die Wärme an das Gewächshaus ab.

Besonders effektiv sind als Wärmefallen sogenannte Kraterbeete. In Vertiefungen von etwa einem halben Meter werden die besonders empfindlichen Pflanzen gesetzt. Bedeckt man den Boden mit dunkelbraunem (Lava-)Kies, dann wird sich hier ein besonders mildes Kleinklima bilden.

Der Gärtner kennt viele Tricks, um dem Wetter ein Schnippchen zu schlagen: Frühbeete als Minigewächshäuser.

MACH ES SO

Frühbeete mit automatischen Lüftern sind das Um und Auf in einem Garten, in dem man nicht permanent vor Ort ist. Denn man glaubt kaum, wie rasch sich die Witterung ändern kann. Nebelig am Morgen und kein Gedanke daran, die Fenster zu öffnen – um die Mittagszeit kann die Sonne in so einem Beet bereits zu ärgsten Trockenschäden führen!

SO NICHT

Fenster, die kaum zu öffnen sind – ob am Gewächshaus oder über dem Mistbeet – sind eine Todsünde. Sosehr man sich im zeitigen Frühjahr über die Wärme freut, so katastrophal wird die Situation im Sommer.

Karls Profitipps

Kleinklima kann man im Garten auf die unterschiedlichste Art und Weise erzielen. Zum Beispiel bringen dunkle Steine, die man im Bereich der Wurzeln (bei Weinstöcken) auflegt, schon eine höhere Umgebungstemperatur.
Ein Vlies ist ebenfalls hervorragend geeignet, in der Übergangszeit im Frühling und Spätherbst die Pflanzen vor Frost zu schützen. Gemüse kann so oft einige Wochen früher angebaut werden. Und die Ernte kann durch solche Maßnahmen deutlich verlängert werden. Schließlich erreicht man durch dunkle Mulchmaterialien wie Rindenhumus oder auch dunklen Splitt eine raschere Bodenerwärmung.

Vlies ist die einfachste Möglichkeit, die Pflanzen vor Kälte zu schützen und die Wärme im Boden zu speichern.

Darin wächst's

Wie viel Zeit wenden wir doch auf, um bequeme Kleidung zu kaufen! Wir wollen uns **wohlfühlen** und **gesund bleiben**. Die Pflanzen suchen sich in der Natur ihre Umgebung selbst. Im Garten geben wir alles vor – daher müssen wir dem **Boden** große **Aufmerksamkeit** schenken.

Die Basis fürs einfache Gärtnern

Man nehme ein Stück Land, grabe es um, pflanze Bäume, Sträucher, Gemüse, Blumen, Kräuter und Beerenobst – und fertig ist der Garten. Das scheint einfach zu sein, doch diese Bequemlichkeit zu Beginn bringt viel Aufwand in den Jahren danach. Oft sind die neuen Hausbesitzer hilflos den Baufirmen ausgeliefert: Sie zerstören den Boden, anstelle ihn vorzubereiten. Wochenlang wurde das Erdreich (oder das, was noch zurückblieb) von schweren Geräten massakriert. Dann ein wenig planieren (meist ohne tiefgründige Lockerung) und einige Zentimeter Humus als kosmetische Verschönerung drauf. Selbst die Wiese, die meist als Pseudogrün angebaut wird, gedeiht kaum und schon nach wenigen Wochen zeigen sich die Sünden: Staunässe, Bodenverdichtung und kaum kräftiges Wachstum.

So wie beim Hausbau sollte man bei der Gartenanlage, vor allem bei der Vorbereitung des Bodens, immer mit dabei sein. Meist geht es den Baufirmen wie den Hausbauern: am Ende geht das Geld aus. Und so wird alles nur noch optisch schön aufbereitet. Doch die wirkliche Vorbereitung beginnt im Untergrund. Je nach Bodentyp muss unterschiedlich vorgegangen werden, damit das Stück Erde zu einem lebendigen und fruchtbaren Fundament für die Pflanzen wird.

Je mehr Zeit man hier aufwendet, desto leichter wird es später sein, den Boden zu bearbeiten.

Kartoffeln stehen am Beginn

Wenn es sich irgendwie machen lässt, dann sollte man das erste Jahr im neuen Garten mit dem Anbau von Kartoffeln beginnen. Vielleicht einige unterschiedliche Sorten – dann ist der Reiz größer – die aber allesamt eines bewirken: den Boden zu lockern. Wenn schon nicht die gesamte Gartenfläche zum vorübergehenden Kartoffelacker werden kann, dann sollte wenigstens in jenem Bereich auf diese jahrhundertealte Art und Weise begonnen werden, das vorzubereiten, was später einmal zum Gemüsegarten wird.

Ganz wichtig beim Anlegen des Gartens ist die Planung – nicht nur im Groben, sondern im Detail. Viele Beispiele zeigen, dass, wenn hier zu Beginn gespart wird, oft ein Vielfaches später investiert werden muss: fehlende Wasseranschlüsse, vergessene Stromauslässe oder kein Kanal bei einem Wasserbecken. Extrem teuer wird es, wenn ressourcenschonende Maßnahmen wie die Anlage eines Regenwasserspeichers vergessen wurde.

Nichts übereilen – planen! Das ist der Weg, um ein »genialer Gärtner« zu werden.

Karl meint:

Baggerarbeiten, die gleichzeitig mit dem Hausbau erfolgen, sind immer am preisgünstigsten – daher die Anlage des Gartens gleich mit planen

Für viele Gärtner (der alten Schule) ist die Brennnessel ein Unkraut. Dabei ist sie die Zeigerpflanze für einen humusreichen Boden, der voller Nährstoffe ist.

So erkenne ich meinen Boden

Experten erkennen mit einem einzigen Griff, um welche Erde es sich handelt, Laien tun sich da schon viel schwerer. Eine Möglichkeit ist es, eine Erdprobe zu nehmen und in ein großes Schraubglas zu füllen. Anschließend wird mit Wasser ausgefüllt und die Probe einige Zeit geschüttelt. Danach die unterschiedlichen Bestandteile absetzen lassen: ganz oben ist der Humus, ganz unten sind die mineralischen Anteile wie Sand und Steine. Dazwischen findet man feine, lehmige Strukturen. Je nach Verteilung der Bestandteile kann man Rückschlüsse auf den Bodentyp ziehen.

Pflanzen weisen dir den Weg

- **Humusreicher Gartenboden** – Vogelmiere *(Stellaria media)*, Große und Kleine Brennnessel *(Urtica dioica, U. urens)*
- **Lehmiger Boden** – Ackerhahnenfuß *(Ranunculus arvensis)*, Huflattich *(Tussilago farfara)*
- **Toniger (schwerer) Boden** – Löwenzahn *(Taraxacum officinale)*, Kriechender Hahnenfuß *(Ranunculus repens)*
- **Sandiger (trockener) Boden** – Mohn *(Papaver argemone)*, Hungerblümchen *(Erophila verna)*

> **Karl meint:**
> Beim Besichtigen eines Grundstücks vor dem Hausbau zeigt sich am besten, wie die **Bodenverhältnisse** sind

Auch ob der Boden Kalk enthält oder nicht, zeigt sich am Bewuchs: Im kalkarmen Boden findet man Wildes Stiefmütterchen *(Viola tricolor)* und Hundskamille *(Anthemis arvensis)*, im kalkreichen Boden sind Wegwarte *(Cichorium intybus)* oder Wiesensalbei *(Salvia pratensis)* daheim.

Wir bleiben steinreich!

»Steine sind Dünger!« Das erzähle ich schon seit ewigen Zeiten bei meinen Vorträgen. Aber es ist keine Weisheit von mir, sondern bereits die Indianer sollen das gesagt haben. Und sie haben absolut recht. Ganz genau sollte es eigentlich heißen: »Steine bis zur Größe einer Männerfaust sind Dünger.«

Freilich muss man ein wenig einschränken. Im Rasen – knapp unter der Oberfläche – haben Steine nichts verloren. In 30–40 cm Tiefe allerdings sind sie eine wertvolle mineralische Beigabe. Ja sogar noch weiter oben, wenn man ein sogenanntes Kiesbeet anlegt. Da geht es nämlich nicht so sehr um die Steine, die obenauf liegen, sondern um jene, die dafür sorgen, dass der Boden gut durchlässig ist, damit das Wasser schnell in tiefere Bereiche versickern kann. Viele Kräuter und auch andere Pflanzen aus dem Süden lieben solche Bodenverhältnisse.

So wird der Boden richtig vorbereitet:

1. Niemals mit schwerem Baugerät wochenlang die Fläche des künftigen Gartens befahren (lassen). Daher gleich zu Beginn die künftige Garagenzufahrt fixieren. Hier ist der Bau- und Zufahrtsbereich.
2. **Bodenverdichtungen** mittels Schaufelbagger (nicht mit einem Gerät, das die Erde vor sich herschiebt) **lockern**. Tiefgründig! Das bedeutet bis zu einem Meter tief.
3. Bei stark verdichteten Böden, die staunass sind (das Wasser versickert hier nur sehr langsam bzw. bleibt an der Oberfläche stehen), schon zu diesem Zeitpunkt **Kies und Sand einarbeiten**.
4. **Humus** nun in einer Schicht von etwa 30–40 cm **auftragen** – nicht mit dem Bagger planieren!
5. **Boden einebnen,** mit Fräse lockern und bei lehmiger Erde nochmals Sand einarbeiten.
6. Je nach geplanter Bepflanzung kann nun schon **Kompost** oberflächlich eingearbeitet werden. Ist genug Zeit, dann nun Kartoffeln anbauen.
7. Eine **Gründüngung** sieht hübsch aus: Bienenfreund, Gelbsenf etc. schützen den Boden und blühen wunderbar.

Karls Profitipps

Der frisch vorbereitete Boden sollte niemals unbepflanzt bzw. »nackt« bleiben. Eine Zwischenlösung ist das Mulchen. Besser jedoch, man bepflanzt ihn sofort.

Wenn Ihnen der Sinn nicht nach Kartoffeln steht, ist es am günstigsten, im ersten Jahr Gründüngungspflanzen auszusäen. Sie sehen hübsch aus und liefern dem Boden alles, was er braucht, um später üppige Stauden, Sträucher und Gemüse wachsen zu lassen. Gut geeignet sind z. B. Bienenfreund, Gelbsenf, Alexandrinerklee, Ölrettich – oder auch fertige Mischungen wie z. B. »Bodenkur, eine bunte Zusammenstellung farbenprächtiger Sommerblumen.

MACH ES SO

Gute Erde entsteht nicht von heute auf morgen. Das Wichtigste ist, den Boden lebendig zu halten: mit regelmäßigen Kompostgaben (etwa 2–3 cm pro Jahr), die oberflächlich eingearbeitet werden, und einer organischen Düngung. Damit bekommt der Regenwurm Futter – und der sorgt für den besten Dünger, den es gibt: den Regenwurmhumus. Und seine vielen Gänge durchlüften die Erde.

SO NICHT

Früher wurden Unmengen an Torf eingearbeitet. Diese »tote« Substanz ist scheinbar ein herrlicher Bodenverbesserer, verschwindet aber innerhalb weniger Monate. Zurück bleibt der ursprüngliche Boden. Und der Abbau zerstört im Übrigen die letzten Moore.

Humus – woher kommst du?

Humus – woher nehmen? Aus der Packung? Vom Gärtner? Oder gar aus dem Wald?

Humus kommt nicht »von irgendwoher«, sondern bildet sich immer und überall – ganz langsam. Lässt man ein Stück Land unberührt, dann bildet sich – Achtung festhalten! – 1mm Humus in 100 Jahren! Und nur in dieser obersten Erdschicht ist genau das Leben, das unsere Pflanzen und damit wir zum (Über-)leben benötigen.

Wenn wir schon genial Gärtnern wollen, dann müssen wir uns die Natur zum Vorbild nehmen: Nichts kann erzwungen werden, allerdings kann man der Natur ein wenig unter die Arme greifen.

So schafft man gute Erde

Der Humus, der nach dem Hausbau in einer Schicht von 30 cm aufgetragen wird, ist nur ein erster Teil. Wirklich lebendig wird diese Erde erst durch Milliarden von Bodenlebewesen, die ganz von selbst kommen – wenn man sie nur »füttert«.

Wichtigstes Extra ist der Kompost (wie man ihn anlegt – siehe Seite 26) – diese kleine Erdfabrik liefert Jahr für Jahr Humus. In dünnen Schichten aufgetragen, ist er das beliebteste Futter für die Bodenlebewesen. Dazu kommen noch die diversen Mulchmaterialien vom Rasenschnitt bis zum Laub, das im Herbst in Unmengen anfällt.

Das große Geheimnis eines gesunden, lebendigen Gartens ist die Vielfalt – an Bäumen, Sträuchern, an Blumen genauso wie an Gemüse, Kräutern und Obst. Nur dann stellt sich über die Jahre (nicht von heute auf morgen!) ein ökologisches Gleichgewicht ein, das dafür sorgt, dass es weniger Krankheiten, Schädlinge und eine bessere Ernte gibt.

Für mich ist eine bunte Blumenwiese, so sie noch zu finden ist, die schönste Form einer ökologischen Vielfalt: Da tummeln sich zwischen Hunderten von Blüten und Gräsern Käfer, Insekten und es flattern Schmetterlinge – wie im Paradies. Übrigens: die schönsten Blumenwiesen findet man auf sehr kargen, durchlässigen Böden! Also nicht verzagen, wenn sie »steinreich« sind.

Die Säulen jedes Naturgartens

- **Der Kompost** – der Lieferant für Humus und die beste Form der Kreislaufwirtschaft. Die Ausrede, dass für einen Komposthaufen kein Platz sei, gilt nicht: Selbst auf Terrasse und Balkon lassen sich mit Wurmkisten organische Stoffe aus Haus und Garten zu Humus umwandeln.

- **Das Mulchen** – die natürlichste Form der Wiederverwertung. Als bestes Beispiel gilt der Wald: Das Laub, das im Herbst herabfällt, wird über die Jahre zu Humus. Langsam und stetig baut sich so eine dünne Humusschicht auf.

- **Die Mischkultur** – ist wohl die logischste, aber für uns Menschen die schwierigste Grundlage naturnahen Gärtnerns. »Ordnung« gilt in allen Bereichen unseres Lebens als das Ziel – da war es nur logisch, alle Pflanzen streng getrennt zu setzen. Diese Monokulturen sind aber eine der Ursachen für die großen Probleme mit Krankheiten und Schädlingen. Daher: bunte Mischung als oberstes Ziel in einem genialen Biogarten.

- **Die sanfte Bodenbearbeitung** – ist unerlässlich für das naturgemäße und damit bequemere Gärtnern. Umgraben, wie es über Jahrhunderte gemacht wurde, gehört weitgehend der Vergangenheit an. Gelockert wird mit der Grabgabel: In die Erde stoßen und am Griff rütteln. Damit werden die Erdschichten nicht durcheinandergebracht.

Karl meint:

Je weniger wir eingreifen, desto rascher wird eine natürliche Oase entstehen. **Lockere, humusreiche Erde** ist der beste Garant für gesundes, kräftiges Wachstum – ohne Probleme

MACH ES SO

Bodenpflege ist das Um und Auf für ein erfolgreiches Gärtnern. Daher sollte von Beginn an auf die Erde im Garten geachtet werden. Gleich nach Beginn der Bauarbeiten sollten die zur Seite geschafften Humusberge begrünt werden. Zum Beispiel mit Gelbsenf und Bienenfreund. Damit bleibt die Erde lebendig und die Nährstoffe werden nicht ausgeschwemmt.

SO NICHT

Humus, der höher als 1,5 Meter aufgeschichtet wird und länger als zwei Jahre liegt, erstickt – alle lebendigen Bestandteile in den tieferen Regionen gehen zugrunde. Daher niemals hohe Erdberge aufschütten.

Karls Profitipps

Humus ist das Elixier für erfolgreiches Gärtnern. Ein wenig können die Gartenliebhaber diesen in der Natur so langsamen Aufbauprozess beschleunigen. Die wirkungsvollste Maßnahme ist das Mulchen. Bei mir wird im Herbst das Laub auf den Rasen gestreut und mit dem letzten Mähen aufgesammelt. Damit wird es gehäckselt und gleichzeitig mit dem grünen Rasenschnitt vermischt. Unter Bäumen und Sträuchern, auf Blumenbeeten, aber auch im Gemüsegarten ist diese Decke ein guter Schutz und ein Baustein für eine humusreiche Erde. Streut man organische Dünger (Hornmehl) ein, wird der Abbauprozess beschleunigt.

Bodenpflege ist das Fundament für ein bequemes Gärtnern. Sind die Grundlagen gut, dann wachsen auch die Pflanzen gut an.

Mühelos zum Kompost

Schwarzes Gold nenne ich die Komposterde, die bei mir Jahr für Jahr in mittlerweile großen Mengen anfällt. Über das Kompostieren können die Gartenfreunde immer diskutieren – das zeigt sich schon an den vielen Büchern, die bei mir in der Bibliothek stehen: mehr als 50 sind es, die sich ganz oder teilweise diesem Thema widmen. Dabei ist es viel leichter, als manche meinen. Seit mehr als 25 Jahren praktiziere ich bereits mein System, das kaum Arbeit macht und innerhalb kürzester Zeit hervorragende Komposterde liefert.

Der Standort ist wichtig

Ob der Garten groß oder klein ist: In keinem Garten darf der Kompostplatz fehlen. Er gehört an eine halbschattige Stelle direkt auf den Mutterboden, am besten hinter einen großen Strauch oder unter die Krone eines Baumes. Ideal ist der Holunder oder eine Haselnuss – dahinter versteckt sich der Komposthaufen vollkommen, wird ausreichend beschattet, bekommt aber auch noch genügend Licht.

Falls viel Platz vorhanden ist, wird der Kompost in Walmform aufgeschichtet – wie ein Hügelbeet. In kleinen Gärten verwendet man (luftige) Kompostsilos aus Holz oder Kunststoff im Ausmaß von 1 × 1 Meter. Vergessen Sie nicht: Es muss unbedingt genügend Platz für zwei Kompostwalme oder Silos vorgesehen werden – einer wird beschickt, der zweite »ruht«. Hier arbeitet die »Erdfabrik« im Verborgenen.

Kompost – ist Kunst!
Einen **Komposthaufen** zu bauen ist keine Arbeit, keine Mühe, sondern ein **künstlerischer Akt**

Kompostsilos sind in kleinen Gärten praktisch. In großen Gärten ist ein frei aufgeschichteter Haufen bequemer.

Karls Profitipps

Für viele ist es kaum zu glauben, dass in meinem fast 3000 Quadratmeter großen Garten kaum gehäckselt wird und dass das konsequente Kompostsieben auch nicht stattfindet!

Alle holzigen Teile bis zur Stärke eines (Männer-)Daumens werden auf den Walm geworfen. Die Erfahrungen haben nämlich gezeigt, dass die größten Probleme durch zu stark zerkleinertes Material entstehen. Zu Fäulnis und damit großen Geruchsproblemen kommt es nur, wenn Nässe und Luftmangel aufeinandertreffen.

Und so wird alles Kompostierbare bunt gemischt aufeinandergeschichtet. Zwischendurch kommt immer wieder eine dünne Lage Rasenschnitt auf die Schichten – niemals mehr als 15 Zentimeter.

Im Garten geht nichts verloren – alles wird kompostiert. Damit entsteht die **beste Erde!**

Die Zutaten für die Erdfabrik

Alles aus Haus und Garten, das organischen Ursprungs ist, kommt auf den Kompost. Ausnahme: Knochen, Fleisch oder gekochte Speisereste. Das würde sehr rasch zu einer Invasion von Ratten führen. Ebenfalls nicht für den Kompost geeignet sind kranke Pflanzenteile oder stark samentragendes Unkraut.

Kompost braucht auch Futter

Der gute alte Kuhmist (nur vom Biobauernhof!) wird im Garten nicht mehr im Herbst auf den Beeten eingestochen, sondern kommt zuerst auf den Komposthaufen – als eine etwa 15–20 cm dicke Schicht. Vererden ist ein Geheimnis der Biogärtnerei. Steht kein Rindermist zur Verfügung, dann verwende ich Hornspäne. Mehrere Handvoll werden von Zeit zu Zeit zwischen die Schichten eingestreut. Diese tierischen Dünger sind stark stickstoffhaltig und wichtig für den raschen Abbau der holzigen Materialien zu Komposterde. Statt frischem Kuhmist kann man auch immer wieder pellierten Rindermist (in der Packung zu kaufen) einstreuen.

Das Finale

Ein Jahr lang wird der Kompost »beschickt«: Im Frühjahr kommt dann der Abschluss mit einer Schicht Rasenschnitt. Anschließend werden Kürbisse zur Beschattung gepflanzt und nun heißt es abwarten, denn nun arbeiten die Mikroorganismen auf Hochtouren. Und wenn alles klappt, gibt es nicht nur viele Kürbisse, sondern ab Ende September dunkle, nach Walderde duftende Komposterde.

MACH ES SO

Das alles kommt auf den Kompost: Laub, Rasenschnitt, abgeschnittene Blütenstauden, Stroh, Jätgut, Pflanzenabfälle, Äste, Rasensoden, Sägespäne, Reisig. Auch alte Erde aus Blumentöpfen und Balkonkästen, Schnittblumen, Wollreste, Federn (nur in geringen Mengen), Haare, Wolle (Schaf- oder Baumwolle) und aus der Küche Gemüse und Obstreste (auch Orangen-, Zitronen-, Bananenschalen in Haushaltsmengen), Kaffee- und Teefilter werden am Kompost entsorgt.

SO NICHT

Knochen, Fleisch, aber auch Nudeln oder Reis (»alles, was schon gekocht wurde und am Teller lag«) haben im Kompost nichts verloren. Die Ratten wären rasch zur Stelle.

Ein Komposthaufen ist kein unschönes Gartenelement – im Gegenteil: Hier wachsen Kürbis & Co. perfekt.

Gute Erde muss man riechen und fühlen: Sie darf nicht zu nass sein, nicht zu trocken, darf keinesfalls graue Pilzsporen enthalten und keinesfalls stinken!

Erde aus der Packung

Verpackte Fertigerde ist oft die sprichwörtliche Katze, die man im Sack kauft: Bunte Bilder, verwirrende Aufschriften und vor allem keine Angaben darüber, wie lange dieser Sack hier schon liegt, machen die Auswahl schwierig und verunsichern willige Käufer. Oft sind die Überraschungen groß, wenn man einen dieser Plastiksäcke öffnet und anstelle des erwarteten Substrats ein verschimmeltes Etwas ans Licht kommt.

Grundregeln beachten

Erde ist ein lebendiges Gut, das vergessen viele. Und so ist es ein großes Problem, wenn man das in Plastiksäcke verpackte Substrat ungeschützt im Freien lagert. Oft sickert durch kleine Löcher auch noch Regenwasser ein, kommt dann die Sonne, beginnt im Sack die Verrottung, ja sogar ein Faulen, und die Erde ist de facto nicht mehr zu verwenden. Ja sie ist bei Topfpflanzen im Zimmer durch die vielen Pilzsporen sogar ein gesundheitliches Risiko. Ist so ein Sack gekauft worden und kann nicht mehr umgetauscht werden, streuen Sie das Substrat ganz einfach auf den Komposthaufen. Dort wird auch aus minderwertiger, stark schimmliger Erde sicherlich bester Humus.

In guten Geschäften sollten Muster-Erdsäcke zur Probe geöffnet sein: Man muss den Humus sehen und angreifen können, auch eine Schnupperprobe gibt einen ersten Eindruck. Nur so kann man sich ein Bild machen.

Karl meint:

Ich kaufe keine Katze im Sack – nur wo **Erdsäcke unter Dach** gelagert werden und **offene Probesäcke** zur Verfügung stehen, **schlage ich zu**

Erde in allen Varianten

- **Aussaaterde:** Sie enthält durchlässiges Substrat mit höherem Anteil an Quarzsand und wenigen Nährstoffen. Damit ist gewährleistet, dass die kleinen Sämlinge gut keimen und die Wurzeln kräftig wachsen. Normale Erde aus der Packung wäre zu stark gedüngt.
- **Bioerde:** Sie ist leider (im Gegensatz zu Lebensmitteln) nicht wirklich genormt. Daher ist es doch notwendig, die Inhaltsstoffe genauer zu betrachten. Generell muss aber gelten, dass in ihr keine mineralischen (Kunst-)Dünger enthalten sind. Torf ist in vielen Bioerden allerdings zu finden.
- **Torffreie Erde:** Oft wird sie mit der Bioerde gleichgesetzt, was aber nur bedingt stimmt. Wirkliche torffreie Packungserde ist oft ein Problem, da sehr viel Grünkompost verwendet wird. Einige (erfahrene) Erdenhersteller haben das Problem gelöst und verwenden nur lange gelagerten Grünkompost, Rindenhumus und Zuschlagstoffe, die nicht verschlemmen (z. B. Ökohum).
- **Pflanzerde:** Unter diesem Begriff findet man eine Vielzahl von Erde, die speziell für Rosen, Gehölze, aber auch für Balkonblumen u.v.m. angeboten werden. Sie alle können im Prinzip für alles verwendet werden. Die Unterschiede sind marginal – oft nur einige Nährstoffe ein wenig erhöht (zum Beispiel enthält eine Erde für Surfinien einen höheren Eisenanteil).
- **Moorbeeterde:** Sie ist die einzige, die tatsächlich »anders« ist, da sie keinen Kalk enthält. Oftmals aber nur mit sehr hohem Torfanteil »sauer« gemacht wird. Für einige spezielle Pflanzen aber ein Muss – sonst gibt es keine Kamelien, Rhododendren oder Azaleen.
- **Orchideenerde:** Ist keine Erde im herkömmlichen Sinn, sondern besteht vor allem aus Rinde. Füllstoffe sind oft Sand, Kork und zerkleinerte Holzkohle. Im Garten kaum Bedeutung, wichtig für Orchideen im Topf.
- **Spezialsubstrate:** Dazu gehören Dachgarten-, Trog- oder Rasenerden, die einen besonders hohen mineralischen Anteil an Bims, Lava oder Sand haben. Damit bleibt über Jahre die Struktur erhalten – ohne dass ständig der Boden bearbeitet werden muss.

Karls Profitipps

Ist man nicht sicher, ob eine Packungserde »gut« ist, kann man mit dem Kressetest eine ganz einfache Prüfung vornehmen. In einen Blumenuntersetzer wird eine Handvoll Erde gegeben und darauf ganz normale Küchenkresse gestreut. Danach wird angegossen und die Schale an ein helles Fenster gestellt. Die Kresse keimt nun rasch und man erkennt, ob die Erde frei von wachstumshemmenden Stoffen ist. Beginnt die Kresse zu faulen, werden die Blätter gelb oder gibt es gar keine Keimung, dann ist die Erde nicht zu verwenden. Keimt die Kresse aber gleichmäßig und ist gleichmäßig grün, dann ist die Erde gut und auch für andere Pflanzen geeignet.

MACH ES SO

Packungserde ist immer nur eine Notmaßnahme. Im Prinzip kann sich jeder aus Kompost, Quarzsand und evtl. Kokosfasern ganz leicht Pflanzerden herstellen. In Blumenkästen kann man Packungserde mit Kompost, Quarzsand und Hornspänen mischen und muss so deutlich weniger Erde kaufen. Gute Packungserde erkennt man an der hellbraunen Farbe. Presst man die Erde in der Faust zusammen, muss sie wie ein Schwamm wieder aufgehen.

SO NICHT

Je billiger eine Erde, desto mehr Torf ist enthalten, das kann generell gesagt werden. Oft ist es sogar minderwertiger Torf, der rasch verdichtet und in der Packung dann tiefschwarz aussieht.

Die tollsten Typen zum Vernaschen

Was gibt es Schöneres, als eine sonnengereifte Tomate so im **Vorbeigehen** in den Mund zu stecken. Oder lieben Sie es ein wenig würziger? **Snack-Paprika,** als Belohnung fürs Gärtnern – nicht bloß Gemüse für Salat oder Kochtopf, sondern auch für Zwischendurch.

Die Liebe fürs junge Grün erwacht

Lohnt es sich, Gemüse zu hegen und zu pflegen? Ganz klar: Rechnet man nach Cent und Euro, wird sich das nicht lohnen. Aber! Es geht hier um viel mehr – um die inneren Werte und da ist der Lohn fürs junge, frische Gemüse ein ganz beträchtlicher.

Ich erinnere mich noch gut an meinen Einstieg als »Junggärtner«, der schon mit sechs Jahren begonnen hat, den Gemüsegarten der Eltern zuerst mit und ab etwa zehn dann alleine zu betreuen.

Die ersten Früchte waren, wie bei so vielen, die Radieschen: In einem Mini-Frühbeet schon Ende Februar angebaut, kamen sie damals am Ostersonntag auf den Tisch. Ein Frühlingsgruß aus dem Garten. Für meinen Vater war das immer ein ganz besonderes Erlebnis und das dürfte mich infiziert haben. Vielleicht kennt der eine oder andere noch den ungewöhnlichen Brauch, wenn man erstmals im Jahr ein bestimmtes Obst oder Gemüse auf den Tisch bekommt. Bei uns war's üblich, sich am Ohrläppchen zu ziehen und »Was Heuriges!« zu rufen! Ich hab's schon lang nicht mehr gemacht, aber beim Zurückerinnern an meine gärtnerischen Wurzeln kam mir dieses eigenartige Ritual wieder in den Sinn.

Wir müssten uns heute oft am Ohr ziehen, denn Tag für Tag gibt es bei uns frisches Grün. Ob vor vielen Jahren als Balkongärtner mit eineinhalb Quadratmetern »Garten« oder jetzt mit über 2500!

Auf dem Weg zum »Junggärtner«

»Ich hab mit dem Garten gar nix am Hut«, höre ich oft von den männlichen Besuchern, die als Begleitung ihrer gartenbegeisterten Frauen meinen Garten besuchen. Doch wenn die eine oder andere Kirschtomate zum Verkosten gereicht, oder am Blatt eines Asiasalates geknabbert wird, dann erwacht selbst bei den Nichtgärtnern das Interesse.

Naschen macht jeden hartgesottenen Kerl zum Pflanzenfreund. Viele junge Menschen sind mit dem ersten Kräuterstock oder einer Topftomate zum Gartenliebhaber geworden. Ist das noch zu wenig an Einstiegsdroge, dann empfehle ich das Beerenobst. Wenn die Himbeere 'Autumn Bliss' oder eine Gartenheidelbeere im Topf reif wird, dann gibt's kein Halten mehr: reife Früchte locken nicht nur die Amseln an!

Bei den Gartenreisen hat es einmal ein Teilnehmer auf den Punkt gebracht, der »nur« als Begleiter mitfuhr und die großartigen englischen »Kitchen-Gardens« entdeckte: »Gekommen bin ich als Koffert räger – heim fahre ich als Junggärtner.«

Frisch geerntetes, knackiges Gemüse direkt vom Beet überzeugt selbst hartgesottene Gartenverweigerer.

Karl meint:
Der Start sollte immer behutsam erfolgen – nie zu viel vornehmen, dann wächst die **Liebe zu den Pflanzen**

Die Top 10 der Gemüsecharts

Geht man in den Gemüseladen, den Supermarkt oder schaut beim Biobauern vorbei – jede Statistik kann beiseitegelegt werden: So wie sich das Gemüse hier mengenmäßig präsentiert, wird es konsumiert! Tomaten stehen an der Spitze, Salate, Zucchini, aber auch Chili und Paprika dürfen nicht fehlen. Hoch im Kurs steht aber auch die Kartoffel – vor allem die vielen bunten Sorten sind gefragt.

Als Gartenenthusiast probiere ich natürlich alles aus. Letztlich haben wir aber einige Favoriten. Die Tomaten gehören da an die oberste Stelle, auch Paprika und Chili rangieren bei mir ganz weit oben auf der Beliebtheitsskala, genauso wie Gurken, alle möglichen Pflücksalate und neuerdings die Kartoffeln – 27 Sorten wuchsen zuletzt in großen Töpfen heran. Die Idee für diesen »Erdäpfel-Topf«, wie wir Österreicher sagen, hatte ich in einer britischen Gartenzeitschrift entdeckt. Ein Holzfass wurde hier einfach zum Gemüseacker umfunktioniert. In meinen Radiosendungen berichtete ich über diesen »Wundertopf« und meine Suche nach alten Sorten. Da kamen nach wenigen Tagen an die zwanzig verschiedene Kartoffeln, einige davon mit den abenteuerlichsten, offenbar selbst erfundenen Namen.

Darunter war eine aus San Salvador. Aber nicht bloß als Knolle, sondern als aus Samen gezogene Jungpflanzen! Fein säuberlich verpackt hatte eine Gartenliebhaberin die Knollen vor einigen Jahren mitgebracht, sorgsam weiterkultiviert und gleich auch die Blüten befruchtet. Die Samen baute sie an und siehe da, es wurden kleine, aber sehr feine Kartoffeln daraus.

Da läuft einem das Wasser im Mund zusammen! So macht das Gärtnern Spaß – Ernte gut, alles gut!

Karls Profitipps

Blättert man in Saatgutkatalogen oder steht man vor den Regalen mit den Samentüten, dann verliert man rasch den Überblick. Nicht eine **Radieschensorte** ist dort zu finden, sondern zehn und mehr. Bei der Auswahl – egal, von welchem Gemüse – geht es aber nicht bloß um die Optik, sondern vor allem um die Wuchseigenschaften. Und da gilt es neben der Widerstandsfähigkeit vor allem eines zu beachten: Ist die Sorte fürs Frühjahr oder doch für den Sommer geeignet? Bei Radieschen ist dies von großer Bedeutung, denn Frühjahrs-Radieschen wachsen im Sommer aus und bekommen keine Knollen. Umgekehrt genauso.

MACH ES SO

Viele Gemüsearten werden aus Saatgut gezogen. Da sammeln sich über die Jahre viele halbvolle Tüten (wir nennen sie liebevoll »Samensackerl«) an. Damit die Keimkraft erhalten bleibt, sollte man sie immer in dicht verschlossenen Behältern (Einkochgläser mit Bügelverschluss und Gummidichtung) aufbewahren. Kieselgel-Beutel, wie man sie oft in Verpackungen findet, legt man zu diesem Saatgut, dann wird die Feuchtigkeit ganz gering gehalten.

SO NICHT

Offenes Saatgut in der Gartengerätekammer aufbewahrt, keimt garantiert – nicht! Oder nur sehr spärlich.

Die bunte Vielfalt macht es aus: Mischkultur ist ein Zauberwort für ein gesundes, kräftiges Wachstum.

»Pomi d'oro« – die Tomate

Was täten wir ohne Kolumbus im Flugzeug? Auf keinen Fall könnten wir Tomatensaft trinken, denn Kolumbus war es, der den »Goldapfel« nach Europa brachte. Zuerst als Zierpflanze eingeführt, eroberte das Nachtschattengewächs, verwandt mit Tabak und Petunie, die heimischen Teller. Italien war der Beginn, dann kam die Tomate vom Süden langsam nach Deutschland und in den Osten Österreichs. Dort verliebte man sich in das köstliche Gemüse und nennt es bei uns bis heute »Paradeiser« – den Paradiesapfel.

Der Tomatensaft ist nur ein Teil der Liebe, die dieser Frucht entgegengebracht wird. Der andere Teil ist das Ketchup, das Sugo für die Nudeln, und die erntefrische Frucht – allerdings nur gut zu einem Drittel.

Tomaten gibt es in den unterschiedlichsten Fruchtformen und -farben. Senkrechtstarter der letzten Jahre sind die Rispentomaten. Mit ihnen ist es gelungen, den Geschmack zurückzubringen – auch in die Regale der Gemüseläden.

Dennoch: die eigene Ernte wird durch nichts übertroffen: Sonnengereift! Frisch gepflückt! Volles Aroma!

Immer gut bedacht

Tomaten benötigen einen vor Regen geschützten Standort. Entweder unter einem Schutzdach (im Garten) oder im Topf, direkt vor der Haus- oder Terrassenwand.
Als Erde verwendet man Bio-Erde aus der Packung (Ökohum ist eine der bewährten, siehe Seite 29), Hornspäne (eine Handvoll pro Pflanze) und einen stabilen Tomatenstab. Pflanzen immer locker aufbinden.

Tomate – eine Beere!
Jedenfalls botanisch gesehen – so wie Paprika, Kürbis oder Melone

Welche schmeckt am besten? Eines garantiere ich: die Selbstgezogene – giftfrei ohne Kunstdünger und erntefrisch.

Karls Profitipps

Rund um die Kultur der Tomaten gibt es sehr unterschiedliche Ansichten. Oft ist zu lesen, dass man sie nicht aufbinden, nicht ausgeizen und nur ein einziges Mal gießen sollte. Das stimmt auch: allerdings für ein Klima, wie es in südlichen Ländern herrscht – mit viel Wind, kaum Tau und kräftigen Sonnenstrahlen.

In den meisten Gegenden Mitteleuropas benötigen die Tomaten aber (fast) immer ein Dach, das Regenschutz bietet. Und das Ausgeizen – also das Entfernen der Seitentriebe – hat nur einen Sinn: stickige Luft zu verhindern und damit die lästigste Krankheit, die die Stauden rasch dahinrafft – die Kraut- und Braunfäule. Vorbeugend immer die befallenen Blätter abreißen (nicht schneiden) und zum Müll geben.

25 kg Tomaten –
so viel verspeist jeder in Österreich, Deutschland und der Schweiz **pro Jahr**

Die besten Sorten

Tomatensorten gibt es unzählige, in allen Größen und vielen Farben: von großen, saftigen, dunkelroten Fleischtomaten bis hin zu winzigen, knackigen, hellorangen Cocktailtomaten. Hier einige handverlesene Favoriten:

- **'Piccolino'** – eine schnittfeste Cocktailtomate mit hervorragendem Geschmack, die trotzdem nicht hart ist. Sie hat ein tolles Aroma und ist gesund im Wuchs.
- **'Money Maker'** – einfach nur köstlich! Typisch sind die kleinen hellgelben Punkte rund um den Stängel.
- **'Flavance'** – ein »Schwergewicht« mit Gesundheitsbonus. Enthält viel Lycopin und ist resistent.
- **'Kremser Perle'** – eine alte aromatische österreichische Sorte mit schmackhaften Früchten und gesundem Wuchs.
- **'Bonner Beste'** – meine Haussorte. Besonders wüchsig, kältetolerant und selbst im Herbst gesunde Früchte.

Wie oft düngen?

Biogärtner mischen bereits beim Pflanzen Hornspäne in die Erde – das reicht für die ganze Saison. Werden Blätter hellgrün, dann ab und zu flüssig nachdüngen, damit die Pflanze genug Stickstoff erhält.

Gut fürs Blut – meinten die Azteken. Deshalb liebten sie die »tomatl«

MACH ES SO

Gerade in den ersten Wochen werden die Tomaten allzu sehr verwöhnt – mit Gießwasser und mit Dünger. Das Ergebnis: viele Blätter und wenig Blüten. Daher: zuerst »kurz« halten und wenig gießen, ja sogar welk werden lassen und erst beim Erscheinen der ersten Blüten kräftig wässern. Später aber regelmäßig mit Wasser versorgen, sonst platzen die Früchte. Geiz muss sein! Nicht bloß beim Gießen – auch beim Ausbrechen der kleinen Seitentriebe.

SO NICHT

Tomaten niemals mit eiskaltem Schlauchwasser gießen und dabei auch noch die Blätter nass machen. Wasser auf den Blättern verursacht die gefürchtete Kraut- und Braunfäule, die die Pflanzen vernichtet.

Ein Dach schützt die Tomatenstauden vor zu viel Nass – und damit vor der Kraut- und Braunfäule.

Ernten ist manchmal eine scharfe Sache: Chilis sind aber nicht nur ein aromatische Köstlichkeit in der Küche, sie sind im Nutzgarten auch eine Zierde.

Scharfe Zeiten – Chili und Paprika

Chili, Paprika oder gar Zierpaprika – alle gehören zur großen Familie, sind aber dennoch ganz verschieden. Die Capsicum-Arten, die seit einigen Jahren als Zierpflanze angeboten werden, sind meist chemisch gespritzt und nicht für den Verzehr geeignet.

Was Sie schon immer über Chili wissen wollten

Vor einigen Jahren waren es noch die »Ungarischen Paprika« oder auch die Pfefferoni, wer heute Schärfe sucht, der greift zu Chili. Sie ist eine der Trendpflanzen der letzten Jahre und mit ein Grund, warum sich plötzlich auch immer mehr Männer fürs Gärtnern interessieren.

- Woher kommen sie?
  Kolumbus brachte die ersten Chilis mit nach Europa und dachte, er habe Pfeffer an Bord. Der Name stammt von den Azteken, die in Mexiko lebten.
- Wie wird die Schärfe gemessen?
  Die Schärfe wird in Scoville gemessen. Der Pharmakologe Wilbur Scoville hat diese Skala geschaffen und damals die Werte geschätzt. Heute lassen sich die Capsaicin-Mengen exakt messen. Am gebräuchlichsten ist aber eine zehnteilige Schärfeskala.
- Welcher ist der schärfste Chili?
  Schärfestufe 10 (meist noch mit ++ versehen) dürfte »Naga Jolokia« sein. Oft zu finden ist auch der »Habanero«. Chinesische Züchtungen sollen aber noch schärfer sein.

Karl meint:

Die Schärfe ist die eine Seite der Chili, die Würze aber die viel wichtigere. Ich wähle lieber **Geschmack statt Feuer!**

- **Sind die Früchte zur Gänze gleich scharf?**
  Nein! Besonders scharf sind die Samen und das weiße Fruchtfleisch (Zellwände) an den Stegen zu den Samen. Bei den extrem scharfen Sorten unbedingt Handschuhe bei der Verarbeitung tragen, die Schärfe lässt sich nicht abwaschen.
- **Sind Chili gesund?**
  Die Frage lässt sich nicht so leicht beantworten. Fakt ist: Chili regen die Schweißdrüsen an (daher kühlt der Körper), töten Darmparasiten und Bakterien und verschnupfte Nasen werden rascher frei.
- **Wo wachsen Chili am liebsten?**
  Humusreiche, kalkhaltige Erde an einem sonnigen bis halbschattigen Platz ist ideal. Zu viel Hitze ist schlecht, da sich Spinnmilben und Läuse breitmachen.
- **Sind die Pflanzen mehrjährig?**
  Ja, viele können problemlos überwintert werden. Sogenannte »Bonsai«-Chilis werden sogar sehr alt und sehen dekorativ aus. Kultiviert werden sie auf der Fensterbank.

Karls Profitipps

Paprika sind extrem wärmebedürftig und benötigen vom Samenkorn bis zur ersten Fruchtreife mindestens 3–4 Monate. Daher beginnt die Kinderstube der selbst gezogenen Paprika bereits im Februar – bei 25 °C Bodentemperatur und möglichst viel Licht. Temperaturen um die 7 °C wirken auf die Pflanzen bereits wie Frost und verursachen Schäden, die erst nach Wochen aufgeholt werden. Allerdings: Zu große Hitze, wie sie manchmal in Kleingewächshäusern vorkommt, ist auch nichts. Denn da kommt es zu keiner Befruchtung und die Früchte fallen ab. Mein Standortfavorit: in Töpfen vor der südlichen Hauswand.

Oft werden grüne Paprika verwendet. Würde man sie an den Stauden lassen, würden sie rot – und viel schmackhafter.

MACH ES SO

Wirklich köstlich sind Gemüsepaprika (also nicht die scharfen) erst dann, wenn sie nicht mehr grün sind. Alle »grünen« sind immer nur unreif, die gelben und roten dagegen sind reif und besonders aromatisch. Rechtzeitig sollte aber dennoch geerntet werden, denn sind zu viele Früchte an der Staude, gibt es kaum neue Blüten.

SO NICHT

Paprika benötigen Nährstoffe, aber keinesfalls zu viel auf einmal. Besser ist es, die Erde mit Hornspänen und Kompost aufzubereiten, regelmäßig zu gießen und in der zweiten Sommerhälfte (so ab etwa Anfang August) flüssig zu düngen. Bio-Dünger halb dosieren und alle 3–4 Tage verabreichen.

Geliebte »Italiener« – Zucchini

Gefüllt mit Reis und Fleisch – püriert als Suppe – geraspelt im Kuchen – gebraten in Olivenöl – auf dem Grill – im Backrohr – im Kochtopf!
Ein köstliches Gemüse ist dieser typische »Italiener«. Dabei stammt die »Beere« (schon wieder eine!) gar nicht aus Italien, sondern wie alle Kürbisse aus Mittel- und Nordamerika. Gleich nach der Entdeckung der Neuen Welt eroberte die Pflanze die Mittelmeerländer, wurde dort eifrig angebaut und gezüchtet und so zu einem ganz wichtigen Gemüse.

Von Italien einmal um Europa

Nach Mitteleuropa kam die Frucht erst in den 1970er-Jahren des vorigen Jahrhunderts. Weil sie so unkompliziert wächst, setzte sie sich bald als beliebtes Gemüse im Hausgarten durch. Mittlerweile gibt es von ihr unzählige Sorten, die aber alle eines gemeinsam haben: Wuchskraft und viele Früchte.

Die besten Sorten

Die Qual der Wahl ist gerade bei Zucchini groß. Gut sind fast alle, manche wachsen besser und schmecken köstlicher:
- **'Black Forest'** – »kletternde« Zucchini zum Hochbinden. Robust, auch für kühlere Witterung.
- **'Diamant'** – traditionelle grüne und sehr wüchsige Sorte.
- **'Black Beauty'** – starkwüchsige, reich tragende Sorte mit schwarzen Früchten.
- **'Costates Romanesco'** – wenn man sie aufschneidet sieht der Querschnitt wie ein Stern aus.
- **'Gold Rush'** – wüchsige Sorte mit intensiv goldglänzenden Früchten.

Zum Dekorieren oder gefüllt und gebraten: Die Blüten der Zucchini kann man genauso verwenden wie die Früchte.

MACH ES SO

Zucchini lassen sich auch im Topf (mind. 50 cm Durchmesser) ziehen. Als Erde verwendet man Bio-Erde, vermischt mit Hornspänen und/oder organischem Dünger. Gepflanzt wird nicht vor Mitte Mai. Auch hier entfernt man die ersten drei bis vier Fruchtansätze, damit die Pflanze Kraft hat, viele Wurzeln zu bilden. Macht man das nicht, kann es zum Abfaulen der kleinen Früchte kommen.

SO NICHT

Zu Beginn niemals zu viel gießen, nach 3–4 Wochen aber regelmäßig feucht halten, sonst bilden sich nur männliche Blüten und damit keine Früchte.

Sieben Tipps für eine reiche Ernte

1. **Pflanzen** immer **auf der Fensterbank vorziehen** und erst nach Mitte Mai (»Eisheilige«!) ins Freie setzen.
2. **Sonniger, aber luftiger Standort** – ideal geschützt am Komposthaufen oder in einem Frühbeet.
3. **Humose, nährstoffreiche Erde,** die aber nie austrocknet. Schon beim Pflanzen Kompost, kompostierten Rindermist und Hornspäne einarbeiten (eine Handvoll pro Pflanze).
4. **Zum Gießen** immer **lauwarmes Wasser** (Regentonne!) verwenden, dann gibt's keinen Kälteschock.
5. **Mulch als Bodenbedeckung.** Damit bleibt die Erde feucht – frischer Rasenschnitt ist ideal. Nie mehr als 3–4 cm auftragen und alle zwei Wochen nachstreuen.
6. **Düngen ab Mitte Juli** nicht vergessen. Flüssige Dünger liefern Nährstoffe, damit kommt es nicht zum lästigen Mehltau ab August.
7. **Regelmäßig ernten,** dann bilden sich immer wieder neue Früchte.

Erste Früchte opfern

Viele der neuen Sorten setzen im Frühjahr so rasch Früchte an, dass das Wurzelwerk in seiner Entwicklung gar nicht mitkommt. Die Folge: Die kleinen Früchte werden faulig. Daher die ersten drei bis vier Fruchtansätze ausbrechen, dann gibt's nur gesunde Früchte. Kommen nur männliche Blüten (»Wasserblüten«), ist es zu kalt.

Blüten und Früchte in der Küche

Zucchini-Blüten kann man hervorragend in der Küche verwenden; raffiniert gefüllt, sind sie eine Delikatesse und zugleich ein Augenschmaus. Vor allem die weiblichen Blüten – das sind die mit dem Fruchtansatz – eignen sich dafür besonders gut.
Während der Zeit der Reife übersieht man manchmal, wie schnell Zucchini heranwachsen. Behalten Sie die Früchte im Auge: Je kleiner sie geerntet werden, umso geschmackvoller sind sie.

Spielen Sie Biene

Bei lang anhaltender kühler Witterung kommt es manchmal zu keiner Befruchtung. Hier können Sie der Natur auf die Sprünge helfen: Reißen Sie eine männliche Blüte (das sind die ohne Fruchtansatz) ab und drücken Sie sie auf die weibliche Blüte – schon ist's passiert…

Karl meint:

Kleine Zucchini der Länge nach in dünne Scheiben geschnitten, in Mehl getaucht und danach in heißem Olivenöl mit ein wenig Knoblauch kurz angebraten. Eine **Delikatesse** mit **Joghurt-Kräuter-Soße**

Alles Salat – Grünzeug für jede Gelegenheit

Blickt man nur einige Jahre zurück, so dominierte der Kopfsalat die Regale in den Gemüseläden und in den Gärten wuchs er in stattlicher Anzahl in Reih und Glied. Vielleicht auch noch Feldsalat (in Österreich nennen wir ihn Vogerlsalat) und Endiviensalat. Das war's, was es an Salatvielfalt gab. Heute ist das völlig anders und viel praktischer: Pflücksalate in Hülle und Fülle, dann die Gruppe der »Lollo«-Salate, die Asia-Salate, die Eisbergsalate und, weil er mehr Salat als Würzkraut ist, der Rucola.

4500 Jahre alte Kultur

Salat wird seit ewigen Zeiten von den Menschen verwendet. Früher gab es vor allem jene Salate, die auch heute wieder beliebt sind. Auf Abbildungen der Antike vermutet man Pflanzen zu erkennen, die unserem jetzigen Römersalat ähnlich sind. Der »alte« Kopfsalat ist übrigens eine Zuchtform, die erst im 19. Jahrhundert entstanden ist.

Kein Garten ohne Salat

Wo auch immer – für Salat findet man immer Platz. Bei mir wird Pflücksalat im Frühjahr sehr dicht als Zwischenfrucht gesät. Die ersten Pflänzchen reiße ich dann zur Gänze aus (und zwicke für die Salatschüssel nur die Wurzeln ab), damit schaffe ich Platz für die größeren Pflanzen, die dann bis in den Juni (oft schon ausgewachsen) frische Salatblätter liefern.

> **Karl meint:**
> In kleinen Gärten, aber auch auf Balkonen haben sich die **Pflücksalate** bewährt. Flotte Ernte und das über lange Zeit

Salat ist nicht gleich Salat

Wer auf Pflücksalat setzt, kennt das Problem nicht, bei Kopfsalaten heißt es aber aufpassen: Viele Sorten beginnen zu blühen, wenn der Tag »lang wird« – also im Sommer. Daher immer darauf achten, welche Sorte man kauft. Es gibt auch kältefeste Sorten, die bereits im zeitigen Frühjahr angebaut und mit ein wenig Schutz (durch Vlies) ab März im Freiland gesetzt werden können.

So klappt der Salatanbau:

1. **Beete vorbereiten:** dünne Schicht Kompost auftragen und oberflächlich einarbeiten. Im Frühjahr nicht umgraben.
2. **Hornspäne aufstreuen** (etwa eine Handvoll pro Quadratmeter) und ebenfalls einarbeiten.
3. **Säen:** Saatrillen von etwa 2 cm Tiefe in Längsrichtung ziehen (mit einem Holzstück). Samen dünn einstreuen.
4. **Einschlämmen und Mulchen:** Mit einer Gießkanne (ohne Brause) lauwarmes Wasser in die Saatrille gießen und damit das Saatgut einschlämmen. Saatrillen mit feiner Erde schließen und sofort mit einer dünnen Schicht Rasenschnitt mulchen. Nun bis zur Ernte gut feucht halten.
5. **Pflanztiefe:** Vorgezogene Pflanze nicht zu tief setzen. Faustregel: Der halbe Wurzelballen bleibt über der Erde, sonst entfalten sich die Blätter nicht und sind krankheitsanfällig.
6. **Erste Ernte:** schon nach 3–4 Wochen. Blätter vorsichtig abzupfen, damit die Pflanze nicht ausgerissen wird.

Besonders wertvoll (für Garten und Küche) sind Spinat und Feldsalat. Sie werden breitwürfig gesät und über mehrere Wochen geerntet. Der Anbau erfolgt im Spätsommer fürs Frühjahr. Alles, was nicht geerntet wurde, dient später als Mulch: einfach ausreißen und aufstreuen.

Beim Spinat (der eigentlich kein Salat ist) auf Sorten achten, die mehltauresistent sind. Damit wachsen die Pflanzen kräftig und gesund, auch wenn die Witterung im Frühjahr nicht optimal ist.

MACH ES SO

Salate egehören zu jenen Pflanzen, die nicht extrem viele Nährstoffe benötigen. Deshalb sollte man sie im neu aufgesetzten Hochbeet besonders sorgfältig pflanzen: Normale Gartenerde an jener Stelle, an der später der Salat gesät oder gepflanzt wird, in einer gut 15 cm hohen Schicht aufbringen. Somit kommen die Wurzeln nicht direkt in die nährstoffreiche Komposterde. Pflanzt man in Kästen oder Töpfe, Kräutererde verwenden und später flüssig nachdüngen.

SO NICHT

Dunkelgrüne, fast ins Dunkelbraune gehende Blätter, sind ein typisches Zeichen von Überdüngung.

Karls Profitipps

Alle Blätter – vor allem von Salaten und auch Spinat – reichern Nitrate an. Das passiert in der Nacht und erreicht in den Morgenstunden den höchsten Wert. Daher sollte man Salate erst nach einigen Stunden Tageslicht ernten. Dann sind die Nitrate zu Proteinen umgewandelt und damit für den Menschen kein Problem mehr. Die **beste Zeit für die Ernte** ist demnach der späte Nachmittag, allerdings nicht bei direktem Sonnenschein, denn da sind die Blätter meist angewelkt und nicht so knackig. Aufbewahrt in einer feuchten Zeitung, hält der Salat bis zum nächsten Tag oder man lagert ihn in der Frischhaltelade des Kühlschranks.

Zart grün sollten die Salatblätter sein, dann sind sie am köstlichsten. Dunkelgrüner Salat ist zu stark gedüngt.

Die tollen Knollen – Kartoffeln

Kartoffeln oder, wie wir Österreicher sie nennen, Erdäpfel sind wieder hoch im Kurs. Nicht bloß die Standardsorten, die in jedem Supermarkt zu finden sind, sondern die ganz besonderen Knollen, die violett, rot oder knallig gelb die Blicke auf sich ziehen. Zwar ist nicht mehr der große Kartoffelacker der Wunsch der Hobbygärtnerinnen und -gärtner. Ein Beet oder gar nur ein Topf voll der köstlichen Früchte reicht.

Weit gereist – lange gefürchtet

Kartoffeln kamen im 16. Jh. von Südamerika nach Spanien – doch die Europäer wussten mit der Knolle aus den Anden nicht so recht was anzufangen. Das Kraut und die Samen verursachten nach dem Konsum nur Bauchweh und die Knollen unter der Erde wurden gar von der Kirche als »böse« angesehen. Doch die Schiffsreisenden brachten schließlich die korrekte Verarbeitungsmethode mit. Der Boom startete und zu Beginn des 20. Jh. wurden im Durchschnitt knapp 300 kg pro Person pro Jahr verspeist. Bis die Kraut- und Braunfäule zuschlug. In Irland hatte sie schon Ende 1846 eine Hungersnot mit mehr als einer Million Toten verursacht. In den Alpengebieten wurden die Anbaugebiete in höhere Lagen (wie in den Anden) verlegt – denn dort gibt es weder Kartoffelkäfer noch Kraut- und Braunfäule. Der »Erchtling« im Salzburger Lungau ist seither eine gefragte Köstlichkeit.

Acker, Heubeet oder Blumentopf

- Für den **Kartoffelacker** haben wohl die wenigsten Platz. Dabei sollte der Anbau der Start für einen neuen Garten sein, denn Kartoffeln machen den Boden »mürbe«. In Reihen angebaut, liefern sie nach wenigen Monaten eine prächtige Ernte. Für die Pflanzmenge ein Richtwert: Mit 3 kg Pflanzkartoffeln kann man etwa 10 m² bepflanzen.

Eben noch in der Erde und schon im Kochtopf oder auf der Grillkohle – das ist die gärtnerische Lebensqualität.

MACH ES SO

Kartoffeln sind ganz eng mit den Tomaten verwandt und leiden deshalb unter denselben Krankheiten. Daher sollten die beiden möglichst weit voneinander angepflanzt werden, weil sich so die Krautfäule nicht so leicht übertragen kann. Befallene Kartoffeln kann man (wenn sie unbeschädigt sind) ohne Gefahr essen, aber nicht mehr als Saatgut verwenden.

SO NICHT

Schattige Plätze und besonders schwere Böden sind für den Kartoffelanbau ungeeignet. Wichtig: Vier Jahre warten, bis man die Kartoffeln erneut an dieselbe Stelle setzt.

Karls Sortentipps

Meine absoluten Favoriten sind bei den gelbfleischigen Sorten die festkochende 'Linda' und die 'Heideniere'.
- Bei den blauen (oder violetten) gehören der 'Blaue Schwede' und 'Violetta' zu den Besten.
- Bei den roten liebe ich 'Duke of York' und die gefleckte 'Mayan Twilight' (Marzipangeschmack!?).
- Einige Sorten haben eine besondere Wuchsform: 'Kipfler' sind bekannt (und köstlich), ähnlich sind die winzigen 'Bamberger Hörnchen' oder die französische Sorte 'La Ratte'.
- Bei den mehligen Sorten empfehle ich den 'Mehligen Mühlviertler'.

- Für »intelligente Faule«, von denen ich so oft schwärme, eignet sich die sogenannte **Heu-Methode**. Kartoffeln werden ab Anfang Mai auf einem Stück Wiese (das nur gemäht sein muss) in einer Reihe (Abstand ca. 40–50 cm) aufgelegt. Danach kommt eine 40 cm Schicht trockenes Heu (aber auch trockener Staudenschnitt) auf die Kartoffeln. Danach gut angießen und feucht halten. Die Knollen treiben rasch aus und wurzeln im feuchten Heu und auch im Boden darunter. Ist das Kraut abgestorben, wird das Heu zur Seite gerecht und darunter findet man die Kartoffeln, die meist auf dem Mutterboden liegen – bereit zur Ernte.
- Der **Kartoffeltopf** ist die Lösung für kleine Gärten, Terrassen oder für all jene, die viele unterschiedliche Sorten anpflanzen wollen. Ein Topf mit 50 cm Durchmesser ist ideal (es geht aber auch kleiner und größer). Auf eine Schicht von etwa 15 cm gut durchlässiger Erde (Gartenerde, Kompost, Quarzsand und Hornspäne) legt man je nach Sorte drei bis fünf Knollen (je kleiner die Knollen, desto mehr) und bestreut sie dick mit Urgesteinsmehl, mit Erde bedecken. Sind die Triebe zehn Zentimeter hoch, mit Humus auffüllen und das wiederholt sich, bis der Topf komplett mit Erde gefüllt ist. In den Blattachseln der Triebe bildet die Kartoffel neue Knollen. Nach dem Absterben der Blätter wird der Topf »gestürzt« und werden die Knollen geerntet. Die Knollen niemals in der Sonne trocknen – sie würden grün und damit giftig! Und: Immer ein paar Knollen aufbewahren – fürs nächste Jahr zum Anpflanzen.

Karl meint:

Kartoffeln sind der neue Luxus des kleinen Gartens: Es geht nicht ums Überleben, sondern um den neuen Genuss. Wo bekommt man schon **violette Knollen** oder **Raritäten** von der Größe einer Erdnuss

5 Gemüse, die man nicht von der Beetkante stoßen sollte

Die Liste könnte und sollte endlos sein – so groß ist die Gemüsevielfalt. Vor allem in den letzten Jahren sind viele exotische Genüsse in unsere Gärten gekommen und fühlen sich hier ziemlich wohl. Einige gehören neben den schon erwähnten aber unbedingt zu den »genialen« Sorten, die am Balkon oder im Garten wachsen sollten.

Kein Garten ohne Zwiebel

Wer dabei nur an die traditionelle Zwiebel denkt, den muss ich gleich bremsen: Lauch, Knoblauch, Etagenzwiebel und viele Varianten der Gemüsezwiebel sind absolute Garten- und Küchenfavoriten. Alle haben eine Vorliebe: sonnige, humose, durchlässige Böden. Nicht zu viel an Dünger – darum stehen sie auch so gerne bei den Karotten, weil auch sie diese lockeren Boden lieben. Keinesfalls darf man die Steckzwiebel zu früh setzen (und zu kalt aufbewahren), denn sonst meint sie, das sei schon der Winter, und bildet keine Zwiebel, sondern beginnt gleich zu blühen.

Bei der Etagenzwiebel kann man nichts falsch machen, sie ist aber auch eher kurios und liefert nur mäßig, aber dafür auf ungewöhnliche Art Würziges für die Küche.

Und der Lauch mag eines: ab in die Grube! Gepflanzt in etwa 10 cm tiefen Gräben, die dann nach und nach mit Erde angefüllt werden, liefert er die beliebten weißen Schäfte – und das bis in den Winter hinein. Beginnt er zu blühen, war es zu trocken oder nach dem Setzen zu kalt.

Das Lilienhähnchen – ist schwer zu fangen. Die Larven (des roten Käfers) findet man aber leicht: sie leben (igitt!!) im eigenen Kot

Lauch kann bis in den Winter frisch vom Beet geerntet werden. Eine Suppe oder ein Strudel sind eine Köstlichkeit.

Karls Profitipps

Ein großes Problem in unseren heutigen, relativ kleinen Gärten ist die **Fruchtfolge**. Bei den Zwiebelgewächsen (also Zwiebel, Lauch, Knoblauch etc.) sollte ein Abstand von fünf, besser sieben Jahre fürs Nachpflanzen eingehalten werden. Nur dann breiten sich so manche Schädlinge nicht aus und vernichten von Jahr zu Jahr mehr Pflanzen. Oft fehlt aber dafür der Platz.

Hochbeete sind hier oft eine passable Lösung, wenn man sie alle vier Jahre komplett räumt und neu aufbaut – mit frischer Komposterde und Gartenerde, die »unbelastet« ist. Rasch werden nicht nur beim Lauchgemüse, sondern auch bei Kohlgewächsen und den Salaten Probleme mit Schädlingen und Krankheiten der Vergangenheit angehören.

Mehr als
3000 verschiedene Kohlgemüse
gibt es weltweit.
Und immer wieder kommen neue hinzu

Bohnen wollen hoch hinaus

So praktisch die Buschbohnen, die nur 30–40 cm hoch werden, auch sind, ich liebe Stangenbohnen. Nicht nur weil sie weniger Platz benötigen, sie sind einfach dekorativer. Die Bohnenstangen (bei mir fast 3 m hoch) machen den Gemüsegarten zu einem richtigen Bauerngarten. Mein Favorit ist 'Blauhilde'. Die blauen Schoten sehen dekorativ aus und werden beim Kochen grün. Mein Tipp: Bohnen ganz spät säen – bei mir erst Ende Mai – und nicht zu tief: »Sie sollen die Glocken läuten hören«, heißt es.

Kohlrabi – ein köstlicher von vielen

Er gehört bei uns im Garten zu den absoluten Favoriten und wird schon im März angepflanzt. Humose, gut mit Nährstoffen versorgte Erde (Hornspäne!) ist die Basis für ein flottes Wachstum. Oft werden schon die ersten ganz kleinen Kohlrabi-Knollen für den rohen Genuss geerntet. Wichtig: erst nach 3–4 Jahren wieder an dieselbe Stelle setzen.

Möhren – ein Naschgemüse

Nicht alle haben mit Möhren (oder Karotten) Erfolg, dabei gibt es eine ganz einfache Lösung für ein besseres Wachstum zu Beginn: Samen in ein Glas mit Schraubdeckel füllen, Quarzsand dazu und ein wenig Wasser. Deckel schließen, gut schütteln und für einige Tage auf den Heizkörper stellen. Beginnen die Samen zu keimen, in die Saatrille streuen und das Wachstum ist garantiert. Das Beet immer mit Sand durchlässig machen. Zu dicht gesäte Karotten ausdünnen.

MACH ES SO

Kürbisse werden erst Mitte Mai ausgepflanzt und immer am Komposthaufen. Dort sind die Wachstumsbedingungen ideal. Mein Liebling: der Hokkaido-Kürbis 'Uchiki Kuri', denn er hat ein handliches Format und kann sogar mit der Schale in der Küche verwendet werden. Reif ist er, wenn der Stängel beginnt einzutrocknen. Danach zwei Wochen im Zimmer nachreifen lassen. Im Keller hält er einige Monate.

SO NICHT

Kürbisse immer in Töpfen vorziehen. Schnecken vernichten die Keimlinge auf dem Kompost im Nu. Kürbisse nie aus selbst geernteten Samen ziehen, sie könnten sich mit Zierkürbissen gekreuzt haben und sind dann giftig und extrem bitter.

Kürbisse halten lange, wenn man sie einige Tage im warmen Zimmer »trocknen« lässt und dann in den Keller legt.

Kräuter – die würzigen Typen

Ein Blatt Basilikum in den Mund stecken, an einer Zitronenverbene im Vorbeigehen darüberstreichen oder ganz einfach den Duft des Rosmarins in der sengenden Sonne des Sommers erschnuppern. Das ist der Traum, der einen Kräutergarten begleitet und der sehr bald Wirklichkeit werden kann. Denn Kräuter sind besonders rasch im Wachstum und gedeihen sowohl im Garten als auch am Balkon problemlos.

Der Duft der weiten Welt

Viele Kräuter kommen von weit her. Sehr viele aus südlichen Ländern, aber auch bei uns sind einige heimisch gewesen und durch ständige Hege, Pflege und Züchtung zu noch würzigeren Pflanzen gemacht worden, als sie ursprünglich waren. Kräuter sind im Großen und Ganzen Hungerkünstler – sie lieben kargen Boden und entwickeln hier besonders intensive aromatische Öle. Vor allem die mediterranen Kräuter, wie Rosmarin, Thymian oder Salbei, gehören hierher. Ihre Standortansprüche sind ganz leicht erfüllt: volle Sonne, durchlässiger Boden mit viel Kies und Sand und mäßig Dünger.
Bei den Küchenkräutern ist es ein wenig anders: Schnittlauch, Petersilie oder Liebstöckel benötigen viele Nährstoffe. Daher wird hier die Erde mit Kompost und organischem Dünger, zum Beispiel Hornspäne, angereichert.

Kräuterkauf mit der Nase

Die einfachste Möglichkeit, rasch zu einem Kräutergarten zu kommen, ist der Kauf von fertig gezogenen Jungpflanzen. Wenn nicht allzu viele Pflanzen benötigt werden, dafür aber viele verschiedenen Sorten, so ist dies die preisgünstigste Möglichkeit. Bei manchen Kräutern ist dies sogar ideal, weil man dann schon »mit der Nase« aussuchen kann. Jungpflanzen werden entweder in Kunststoff- oder in verrottbaren Torf- oder Altpapiertöpfen angeboten. Die Plastiktöpfe müssen beim Pflanzen auf jeden Fall entfernt werden. Eine Weiterkultur ist darin nicht möglich – sie wären viel zu klein. Will man Kräuter am Balkon ziehen, müssen sie in größere Töpfe umgepflanzt werden. Die Torf- und Altpapiertöpfe sollen aber auf keinen Fall entfernt werden. Sie werden beim Pflanzen nur etwas aufgerissen und später von den Wurzeln durchwachsen.

Schutz für verwöhnte Kräuter

Da die meisten Kräuter-Jungpflanzen im Gewächshaus vorgezogen werden, sind sie »verweichlicht«. In den ersten Tagen im Freien erhalten sie bei mir deshalb ein Stück Vlies als Schutz, später muss der Schutz aber entfernt werden, weil die Sonne sonst die Pflänzchen verbrennen würde.

Vom Düngen und Gießen

Im Garten ist das Düngen der Kräuter meist kein Problem. Kompost sorgt hier für ein gutes Nährstoffangebot. Dazu kommen noch Brennnesseljauche und vielleicht ein wenig Langzeitdünger in Form von Hornspänen. Der Balkon- oder Fenstergärtner kann ebenfalls nach diesem Vorbild arbeiten: Hornspäne in die Erdoberfläche einarbeiten. Eventuell Brennnesseljauche ansetzen (Achtung Geruchsprobleme!), biologische Blumendünger (z. B. aus Traubenkernen etc.) verwenden und diesen für die Kräuter (je nach Nährstoffwunsch) stärker als vorgeschrieben mit Wasser verdünnen.

Karl meint:
Viele **Kräuter entwickeln dann Würzkraft,** wenn sie karg gehalten werden: viel Sonne und kaum Humus

MACH ES SO

Brennnesseljauche ist der natürlichste Dünger im Biogarten. Das Rezept: 1 kg frische Blätter werden in einem 10-Liter-Plastik- oder Holzgefäß mit Regenwasser angesetzt. Nach ein bis zwei Wochen beginnt – je nach Temperatur – die Gärung. Die Jauche täglich umrühren werden, Steinmehl aufstreuen – das bindet den Gestank – und im Verhältnis 1:10 verdünnt direkt an die Wurzeln der Pflanzen gießen.

SO NICHT

Handelsübliche Flüssigdünger (Kunstdünger) lassen die Pflanzen extrem wachsen, allerdings leidet das Aroma. Viel Kraut, wenig Würze!

Karls Profitipps

Vor Beginn der Gartensaison und im Winter möchte man Kräuter gerne auf dem Zimmerfensterbrett kultivieren. Es gibt einige Sorten, die ohne Schwierigkeiten – wenigstens für einige Wochen – gezogen werden können. Favoriten sind: Basilikum, Schnittlauch, Petersilie sowie Rosmarin und natürlich die Kresse. Wirklich nur kurze Zeit überleben werden Dill, Estragon, Kerbel, Melisse, Oregano, Thymian und Salbei.

Sobald es frostfrei ist, sollten alle Kräuter im Freien aufgestellt werden. Je sonniger der Platz, desto besser. Aber: Ist es extrem heiß und wird nicht regelmäßig gegossen, sind die Kräuter rasch am Ende.

Ist's der Duft, das Aroma der Blätter oder sind es die Blüten? Von allem ein wenig – das macht Kräuter so beliebt.

Basilikum – das Aroma des Südens

Kaum ein anderes Gewürz ist in den letzten zwanzig Jahren stärker in die Herzen (Gaumen?) der Menschen »gewachsen« als Basilikum. Für viele ist es der Traum des Südens, den diese Würzpflanze vermittelt: Caprese! – Tomaten, Mozzarella, Basilikum und Olivenöl. Herz, was willst du mehr!

Ein indisches Kraut mit viel Geschichte

Jener Mann, der die botanischen Namen von heute erfand, Carl von Linné, war es, der 1753 die Pflanze erstmals offiziell beschrieben und ihr den Namen *Ocimum basilicum* gegeben hat. Vermutlich stammte es ursprünglich aus Indien, wurde in den ägyptischen Pyramiden gefunden – die Griechen und Römer haben es verwendet und verwenden es noch immer. Was wären die Salate und Soßen ohne die würzigen Blätter?

Karls Profitipps

Basilikum ist eines der kälteempfindlichsten Gewächse, das bei uns gezogen wird. Temperaturen unter +12 Grad bedeuten Wachstumsstillstand und erste leichte Schäden (mit Pilzerkrankungen). Eine Temperatur unter + 7 Grad heißt für dieses tropische Würzkräutlein so viel wie für andere Pflanzen: Frost – also den Tod.

Es reicht für gravierende Wachstumsstörungen schon aus, wenn man es vom Geschäft ohne Verpackung im zeitigen Frühjahr zum Auto bringt und dort einige Zeit aufbewahrt. Welke sind die ersten Anzeichen von Problemen, Fäulnis der unteren Blätter bedeutet dann schon wieder das Ende.

Basilikum gehört zu den beliebtesten Kräutern. Doch dieses Kräutlein hat auch eine Vorliebe: Sonne und Wärme!

Basilikum für viele Jahre

Das sogenannte Strauchbasilikum (»African Blue«, »Magic Blue« etc.) ist ein mehrjähriges, aber nicht winterhartes Würzkraut, das wesentlich robuster ist als sein einjähriger Bruder. Es wächst auch bei kühleren Temperaturen kräftig und kann problemlos auf der Fensterbank überwintert werden. Nach einem kräftigen Rückschnitt treibt es wieder gut und stark aus. Wichtig ist das sorgsame Gießen: im Winter nicht zu viel, damit die Wurzeln nicht faulen.

Besondere Sorten

Die Liste der Basilikum-Sorten ist schier endlos. Einige sollte man aber doch einmal versuchen: Extrem würzig und sehr dekorativ ist das kleinblättrige »**Griechische Buschbasilikum**« *(Ocimum basilicum* var. *minimum)*. Wird im Süden oft zur Mückenabwehr ans Fenster gesetzt.

Das »**Zimtbasilikum**« *(O. basilicum* var. *cinnamomum)* ist weniger eine Würzpflanze für die Küche als für spezielle Kräutertees. Auch das »**Zitronenbasilikum**« *(O. basilicum* sp.) überrascht mit seiner Würze und ist ebenfalls für Tees (auch getrocknet) sehr interessant. Besonders robust, also auch im Garten zu kultivieren. Für alle Sorten gilt aber: Niemals die Blätter beim Gießen nass machen, immer in der Früh wässern, dann können die Blätter rasch abtrocknen. Dann und wann mit Schachtelhalmtee übersprühen – das verhindert Pilzprobleme.

MACH ES SO

Das sicherlich würzigste Basilikum ist das großblättrige »Genoveser«. Allerdings ist es auch am empfindlichsten und in weiten Teilen des Landes erst ab Ende Juni zu kultivieren. Daher das Kraut immer in Blumenkästen – geschützt vor Regen und an der wärmsten Stelle des Hauses – kultivieren. Durchlässige Erde verwenden – am besten Kräutererde, die aber mit organischem Dünger gut versorgt wird.

SO NICHT

Gerade zu Beginn wird Basilikum zu viel gegossen. Die Wurzeln beginnen dann zu faulen und die Blätter zu welken. Eiskaltes Wasser ist oft der Tod.

Sieben Tipps – damit es gedeiht wie im Süden

1. Basilikum wird **am besten in Tontöpfen** kultiviert. Sie speichern die Wärme und sorgen für gleichmäßige Feuchtigkeit.
2. Als Erde **gut durchlässige Kräutererde** verwenden, die noch mit Quarzsand vermischt wird. Als Dauerdünger Hornspäne (ein Handvoll/lfm) einarbeiten.
3. **Beim Pflanzen nicht zu tief setzen** – Basilikum beginnt leicht zu faulen.
4. Sät man Basilikum aus, dann die **Samen niemals mit Erde bedecken**. Sie sind Lichtkeimer.
5. **Gleichmäßig feucht halten.** Bei trübem Wetter weniger gießen!
6. **Beim Ernten** immer **die Spitzen abschneiden**, keine einzelnen Blätter. Damit verzweigt sich die Pflanze. Blüten abschneiden – sie kosten Kraft und können als Würze verwendet werden.
7. **Nicht nur traditionelle Sorten** versuchen. Die kleinblättrigen griechischen Varianten sind oft robuster.

Karl meint:

Basilikum darf in keinem Garten fehlen. Blätter mit Mozzarella und Olivenöl gehören zu den **Sommerdelikatessen.** Erfrischend und gleichzeitig sättigend – ohne bei Hitze ein Völlegefühl zu bekommen

Petersilie – Küchenkraut als Männerduft?!

Da werden wohl die meisten ins Staunen kommen. Petersilie *(Petroselinum crispum)*, das beliebteste Küchenkraut (in etwa gleich mit dem Schnittlauch) gilt in der Parfümindustrie als einer der Zusatzstoffe bei – Männerdüften! Das Öl verleiht eine würzige Note. Aber von dieser doch eher exotischen Verwendung zum Kraut, das schon die alten Römer verwendeten – zum Würzen genauso, wie zum Frischmachen des Atems: ein Blatt gekaut und der Mundgeruch ist weg.

Nicht nur Würze – auch Vitamine

Besonders hoch, so zeigen Untersuchungen, ist der Eisengehalt, Vitamine A und C sind ebenfalls enthalten wie Stoffe, die allergische Reaktionen unterdrücken. Allerdings: im Übermaß genossen, wirkt Petersilie sogar toxisch – freilich wird man die dafür nötigen Mengen nie zu sich nehmen.

So fühlt sich Petersilie wohl

Ein humusreicher, durchlässiger Boden in voller Sonne oder im leichten Schatten ist die Basis für ein kräftiges Wachstum. Da Petersilie bis zu sechs Wochen zum Keimen benötigt, sollte man eine Markiersaat (Radieschen) einstreuen. Lässt man den Samen (wie bei den Karotten) in einem Glas mit Sand und etwas Wasser in der Wärme vorkeimen, geht es viel schneller und Krankheiten und Schädlinge haben keine Chance.

Keine Küche ohne Petersilie! Aber auch so zwischendurch ein Blatt gekaut ist köstlich und nimmt Mundgeruch.

Karl meint:

Petersilie ist manchmal widerspenstig und will nicht keimen: daher **Samen vorquellen**

Kresse – flottes Kraut mit viel Würze

Den Weg in den Garten findet das meist als Gartenkresse *(Lepidium sativum)* genannte Kräutlein meist gar nicht: auf der Fensterbank wird sie gezogen. Von Kindern in Kresseigeln oder zum Osterfest als erste Würze in halben Eierschalen. Dabei hat sie auch im Garten ihren Reiz, denn die Kresse wächst nicht nur flott, sie macht den Schnecken mit ihren scharfen Senfölen das Leben nicht gerade leicht. Sie ist nämlich ein flotter Bodendecker. Wird sie zu hoch, schneidet man die Blätter ab und lässt sie als Bodenbedeckung liegen. Dieser Mulch hält den Boden feucht und schleimigen ungeliebten Gartenbesucher ab – wenigstens ein Zeit lang.

Als schnelle Würze ist es viel günstiger, die Kresse in Schalen – mit Sand-Erd-Gemisch – oder gar nur auf einer Küchenrolle, die man immer feucht hält, auszusäen. Verwendet werden die Keimblätter – nach drei, vier Tagen kann man schon ernten.

Karls Profitipps

Kräuter lassen sich auf unterschiedliche Art haltbar machen. Die beste und schonendste ist das Einfrieren. Petersilie als Ganzes in einen Gefrierbeutel stecken. In die Kühltruhe legen und am nächsten Tag die starr gefrorenen Blätter zerdrücken. In kleinen Kunststoffdosen kann man die gefrorenen Blätter dann aufbewahren. So erspart man sich das Abzupfen und Schneiden. Gleiches gilt übrigens für Dill, Kerbel oder auch Kresse.

Generell gilt: keine Kräuter vor dem Einfrieren waschen – sie würden nur verklumpen und später schwer verwendbar sein. Die Haltbarkeit wird in etwa mit einem Jahr angegeben.

MACH ES SO

Kräuteröle – besonders von den mediterranen Kräutern – sind besonders würzig. Ein qualitativ hochwertiges kaltgepresstes Olivenöl in eine Glasflasche füllen und Rosmarin, Salbei, Thymian sowie nach Belieben und Geschmack Pfefferkörner, Knoblauch etc. beigeben. Für etwa zwei Wochen an die sonnige Fensterbank stellen. Danach kühl und dunkel aufbewahren. Für den langen Winter – der Duft des Sommers …

NICHT SO

Fast alle Kräuter verlieren durchs Trocknen ihre Würzkraft. Besonders extrem ist das beim Rosmarin. So intensiv er frisch duftet, getrocknet schmeckt er nur noch strohig.

Selbst im tiefsten Winter bringt frische Kresse den Duft vom Kräutergarten aufs Butterbrot und in den Salat.

Schnittlauch – Zwiebelgewächs mit Tradition

Was wäre das Kochen ohne Schnittlauch, ein köstliches Butterbrot ohne die würzige Auflage oder die Nudelsuppe ohne die mildscharfe Beigabe? Schnittlauch ist als Würzkraut nicht wegzudenken und gehört deshalb zu den ältesten und beliebtesten Küchenkräutern, die das ganze Jahr über Verwendung finden. Ob im Garten gezogen, auf der Fensterbank verhätschelt – Schnittlauch gehört einfach dazu.

Von den Bergen auf die Teller

Woher genau der Schnittlauch stammt, lässt sich gar nicht mehr sagen. Er kommt mittlerweile weltweit in den gemäßigten Breiten vor. Vermutet wird, dass er im Hochgebirge daheim war – da sind sich die Botaniker aber nicht einig. Was soll's – das Zwiebelgewächs ist einfach köstlich und es gibt es in so vielen Varianten, dass eigentlich kein genauer Überblick besteht. Röhren, die nur fünf Zentimeter hoch wachsen, findet man genauso wie solche, die fast einen halben Zentimeter Durchmesser aufweisen und einen halben Meter erreichen.

Die Blüten sind meist violett, manchmal auch reinweiß und können als Dekoration beim Anrichten von Speisen verwendet werden. Junge Blüten lassen sich auch verspeisen, ältere schmecken aber schnell strohig. Eines haben alle Schnittlauchsorten gemeinsam: einen extrem hohen Anteil an Vitamin A und C. Eine reichliche Verwendung in Salaten oder Aufstrichen tut also auch der Gesundheit gut!

Über 53 Hektar werden in Deutschland für den Anbau von **Schnittlauch** genutzt
Das meistverkaufte Küchenkraut

Selbst im Ziergarten hat sich der Schnittlauch einen Platz erobert – als immer wieder blühende Beetbegrenzung.

Karls Profitipps

Schnittlauch mag einen sonnigen Platz mit einem humosen, durchlässigen, aber auch nie trockenen Boden. Daher: am besten an Beeträndern an der Sonnenseite pflanzen.

Den Boden gut mit Kompost, etwas Quarzsand und vor allem organischem Dünger (Hornspäne und Volldünger) vorbereiten. Nicht zu tief pflanzen und immer gut feucht halten.

In milden Gegenden den Schnittlauch im Spätherbst ausgraben und verkehrt (mit dem Ballen nach oben) aufs Beet legen, denn nur wenn die Wurzeln durchfrieren, beginnt die Pflanze wieder kräftig zu wachsen. Im Frühjahr wird der Ballen dann wieder eingepflanzt. Beim Abschneiden immer ein Drittel stehen lassen, dann treiben die Röhren rascher durch.

Schnittlauch als Zierpflanze

Vor allem der weiß blühende Schnittlauch wird in englischen Gärten als dichte Beetumrandung verwendet. Anstelle eines niedrigen Buchses sieht er wunderbar aus und ist leicht zu pflegen. Nach der Blüte alles abschneiden und das neue Grün wächst. Benötigt man einmal frische Kräuter, kann man sich natürlich auch von dieser »Hecke« ein Stück abschneiden.

Knoblauch eine Alternative

Der Schnittknoblauch wird oft mit dem Bärlauch verwechselt, hat mit ihm aber nichts zu tun. Er kommt aus China und zeichnet sich durch kräftiges (ganzjähriges) Wachstum aus. Besonders vorteilhaft ist die Tatsache, dass die dünnen Blätter zwar einen intensiven Knoblauchgeschmack begleitet, aber kaum ein Geruch (nach dem Essen) aus dem Mund kommt. Die Pflanze lässt sich sowohl im Garten, als auch im Blumentopf ziehen. Im Winter wächst sie auch bereitwillig auf der Fensterbank. Einzig auf Blattläuse muss man achten, aber die lassen sich ganz leicht abwaschen.

Pflanzen mit Hunger

Egal, ob Schnittlauch oder Knoblauch, diese Lauchgewächse zeichnet eines gemeinsam aus: sie haben viel Hunger. Daher sind die Hornspäne als biologischer Langzeitdünger von großer Bedeutung. Bio-Flüssigdünger können ab Juni noch einmal einen kräftigen Wachstumsschub begünstigen. Wie bei allen »grünen« Blättern gilt auch hier: Ernte immer erst gegen Mittag, dann ist der Nitratgehalt ganz niedrig.

*Schnittlauch tankt im Herbst Kraft: daher ab Mitte August **nichts mehr abschneiden***

MACH ES SO

Schnittlauch soll man ja nur bis etwa Mitte August abschneiden, damit die kleinen Zwiebeln in der Erde Kraft fürs nächste Jahr tanken können. Damit ich aber dennoch nicht aufs Schnittlauchbrot verzichten muss, gibt's bei mir jedes Jahr einen »Opferstock«. Der wird bis in den Herbst als Lieferant für frisches Grün verwendet und dann entsorgt. Die anderen Stöcke teile ich im Frühjahr – damit gibt's immer genug Nachschub.

SO NICHT

Wer Schnittlauch ständig komplett abschneidet, nimmt der Pflanze die Wuchskraft und wird sie über kurz oder lang verlieren. Mindestens ein Drittel stehen lassen, dann wächst er am raschesten nach.

Besonders attraktiv ist der weiß blühende Schnittlauch. Auch diese Blüten können in den Salat gemischt werden.

Mediterrane Typen

Sie sind voller Charme, haben eine raue Seite, können aber auch streichelweich sein – und ihr Duft, der ist verführerisch, erinnert an Sommersonne, laue Luft und Meeresrauschen. Rosmarin & Co. haben viele gemeinsame Vorlieben: Sonne, karger, durchlässiger Boden und nicht zu viel Dünger.

Thymian – Dekoratives für Fugen

Einer der duftenden Südländer ist Thymian, der bei uns auch auf trockenen Wiesen zu finden ist. In Trockensteinmauern erobert er die Fugen im Nu, im Steinpflaster sorgt er mit seinen weißen, roten oder rosa Blüten für eine bunte Bereicherung.

Es gibt so viele Sorten, dass es schwerfällt zu entscheiden: von Orangen- bis Zitronenduft, von gelbgrünem Laub bis zu kleinen verholzten Ministräuchern. Am besten »der Nase nach« kaufen.

Karls Profitipps

Wichtig ist ein jährlicher Rückschnitt im Frühjahr, und zwar sobald sich die ersten Blätter zeigen. Damit bleibt der Thymian vital und treibt immer wieder kräftig aus.

Besonders gut gedeiht dieser Südländer am sonnigsten Platz des Gartens. Je karger der Boden ist, desto wohler fühlt er sich.

Dennoch: Ab und zu benötigt er Dünger. Am besten in flüssiger Form. Im Naturgarten eignen sich dafür alle Biodünger oder die selbst hergestellten Jauchen. Brennnesseljauche, verdünnt mit Wasser, über die Thymianpflanzen gegossen, wirkt wie ein Zaubertrank und sie wachsen damit kräftig.

Naschen erlaubt! Immerhin muss das Aroma der Kräuter getestet werden. Zu Mittag schmecken sie immer am besten.

Das Gehirn **speichert** Ereignisse, die mit dem **intensiven Rosmarinduft** in Verbindung gebracht werden, »ewig« ab. Daher findet man seine **Zweige oft im Brautstrauß** …

Rosmarin – der würzigste Südländer

Alleine sein Duft löst bei mir schon italienische Strandträume aus. Erinnerungen an Felsküsten, wo unten das Meer rauscht und in den kargen Steinritzen die duftenden Rosmarinbüsche stehen. *Rosmarinus* bedeutet so viel wie »Tau des Meeres« – dort, wo wenig Wasser ist und der Boden gut durchlässig, da fühlt sich dieses Kräutlein wohl.
Damit ist auch klar, warum so viele Pflanzen, die man in der Gärtnerei oder den Gartencentern kauft, schon bald das Zeitliche segnen: Sie sind in Torferden gepflanzt und entweder viel zu nass oder regelrecht gedorrt.
Das ideale Substrat ist eine Mischung aus einem Drittel lehmiger Gartenerde, einem Drittel Splitt und einem Drittel Rasenquarzsand. Als sanfter Langzeitdünger kommen Hornspäne in die Erde und – wer hat – etwas Algenkalk. Gekaufte Pflanzen muss man aus dem Wurzelballen sofort umsetzen (bis etwa Mitte August – danach wurzeln sie nicht mehr), möglichst viel Torf entfernen und das durchlässige Substrat als Ersatz verwenden.
Die ersten Tage nach dem Umtopfen stellt man die Pflanzen erstmal schattig auf. Zeigt sich das erste Wachstum, kommen sie aber sofort an einen sonnigen Platz.
Und wie klappt die Überwinterung? Kühl aufbewahrt und mäßig gegossen, übersteht die Pflanze problemlos die lange winterliche Durststrecke. Nur in ganz milden (Weinbau-)Gegenden überlebt Rosmarin im Freien – aber auch hier sollte er in durchlässige Erde gepflanzt werden. Ein leichter Winterschutz schadet in keinem Fall!

Karls Profitipps

Rosmarin gibt es in vielen Sorten. Am eindrucksvollsten sind Pflanzen, die wie ein Vorhang nach unten wachsen und im zeitigen Frühjahr über und über voll mit den hellblauen Blüten sind *(R. prostratus)*. Durch die eingeschränkte Winterhärte (bis ca. −7 °C) pflanzt man ihn am besten in Ampeln, die dann drinnen überwintern können.
Einige (angeblich) völlig winterharte Sorten sind für raues Klima ideal: 'Arp' und 'Blue Winter'. Sie überleben aber keine strengen, schneelosen Winter. Im Weinbauklima kann man damit kleine Hecken setzen. Gerade in den letzten Jahren sind auch vermehrt weiß und rosa blühende Sorten angeboten worden. Sie sind sehr dekorativ, blühen allerdings sehr oft (unbemerkt) im Überwinterungsraum …

Mein absoluter Favorit: Rosmarin verbreitet den Duft eines italienischen Hochsommertages am Meeresstrand.

Und wieder ein Kraut, das Würze, Aroma und Zierde verbindet. Doch der Salbei hat auch noch großartige Heilkraft.

Salbei – nicht nur bei Halsweh

Ein dekoratives und zugleich auch nützliches Würzkraut ist der Salbei. Er liebt – ausgepflanzt im Garten – eine durchlässige Erde, die ein wenig nährstoffreicher sein darf als bei Rosmarin und Thymian. Also: organische Dünger und Kompost mit ins Beet, wenn man es vorbereitet. Ansonsten fühlt er sich genau dort wohl, wo die Erde gut durchlässig ist – zum Beispiel in Trockenmauern.

Artenvielfalt für Leib und Seele

Es gibt etwa 900 Arten – viele davon sind allerdings Zierformen. Die ursprüngliche Bedeutung erlangte Salbei allerdings schon in der Antike als Heilkraut. Nicht umsonst heißt er botanisch *Salvia*, was von *salvere* – »sich wohlfühlen« kommt. Besonders dekorativ sind die (heilenden) *S. officinalis*-Sorten mit mehrfarbigen (panaschierten) Blättern, purpurnem oder gar gelbem Laub.

Eine der wüchsigsten Salbeisorten ist: 'Berggarten'. Sie besitzt sehr große Blätter, die sich gut in der Küche verarbeiten lassen. Zum Beispiel in Olivenöl gebraten – köstlich!

Karl meint:

Sind die kleinen Sträucher **nicht geschnitten** und damit **unförmig geworden**, dann einfach einen **langen Ast auf die Erde drücken** und mit Erde abdecken – **er wird bald Wurzeln treiben**

kraut&rüben

Jetzt 3 Ausgaben für nur 9,90 € testen!

JA! Ich bestelle die Titausen 3 Ausgaben für nur 2,50 €.
Das Buch »Gartenkräuter« bekomme ich geschenkt.

Wenn mich kraut&rüben überzeugt, brauche ich nichts tun. Ich lese dann zum Jahres-Vorzugspreis von 55,50 € (A 62,20 €, CH 83,– SFr) weiter. Da ich nach dem 1. Bezugsjahr jederzeit kündigen kann, lese ich ohne Risiko. Ansonsten genügt bis spätestens 14 Tage nach Erhalt der 3. Ausgabe eine Mitteilung an den Verlag.

Name, Vorname

Straße, Nummer

PLZ, Ort

Tel.-Nr., E-Mail

☐ Ich bin damit einverstanden, dass mich die Deutscher Landwirtschaftsverlag GmbH schriftlich, telefonisch oder per E-Mail über ihre Produkte und Dienstleistungen informiert und zu diesem Zwecke meine personenbezogenen Daten nutzt und verarbeitet. Ich kann diese Zustimmung jederzeit gegenüber der Deutscher Landwirtschaftsverlag GmbH, Lothstr. 29, 80797 München per E-Mail unter kundenservice@dlv.de oder per Fax unter +49(0)89-12705-586 widerrufen.

Die Deutscher Landwirtschaftsverlag GmbH verarbeitet meine Daten in maschinenlesbarer Form. Die Daten werden vom Verlag genutzt, um mich mit den bestellten Produkten zu versorgen.

Datum, Unterschrift

Karte abschicken oder gleich bestellen unter:
Tel. +49(0)89/12705-214, Fax -586, leserservice.kur@dlv.de

KUR13BLV/41

36481-13 ES

www.krautundrueben.de

Die Medienkompetenz
für Land und Natur

Deutsche Post
WERBEANTWORT

Deutscher
Landwirtschaftsverlag GmbH
kraut&rüben-Leserservice
Postfach 40 05 80
80705 München
Deutschland

Bitte
freimachen,
falls Marke
zur Hand.

MACH ES SO

Salbei lässt sich hervorragend in einem mediterranen Blumenkasten ziehen. Kombiniert mit Rosmarin sieht so ein Kräuterkasten nicht nur dekorativ aus, sondern liefert auch Würze. Rückschnitt hält die Kräuter übrigens vital. Die Erde sollte gut durchlässig sein – ein Gemisch aus Bioerde, Sand, Tongranulat und Splitt und ein wenig Hornspäne als Dauerdünger.

SO NICHT

In normaler Blumenerde beginnen die Kräuter zwar zunächst stark zu wachsen. Mitte des Sommers taucht aber dann der Mehltau auf. Ein typisches Zeichen von Stickstoffüberdüngung.

Karls Profitipps

Wenn Salbei im Garten »in die Jahre kommt«, dann gibt es mehrere Möglichkeiten, ihn wieder zu verjüngen. Hat man ihn regelmäßig geschnitten, dann ist er kompakt und lässt sich durch erneuten Rückschnitt deutlich verjüngen. Wurde der Schnitt verabsäumt, dann kann man mit einem Trick aus den alten, langen Ästen wieder junge Pflanzen machen: einfach die Triebe mit Erde bedecken, sodass bloß noch die Triebspitzen herausschauen. Nach einigen Monaten hat der Salbei neue Wurzeln geschlagen und wächst wieder kräftig weiter.

Und so wie bei viele andere Pflanzen lässt sich auch Salbei durch Stecklinge vermehren.

Beginnt einmal die Lust auf Kräuter, dann kann man sich kaum noch entscheiden: Wo beginne ich, wo ist das Ende?

Beerige Zeiten – die Top-Charts

Sie sind die dankbarsten Gewächse in unseren Gärten: die Beeren. Nirgendwo sollten sie fehlen, noch dazu, wo ihre Pflege recht einfach ist – wenn man nur einige Grundregeln beachtet. Beeren sind Bewohner des Waldes gewesen. In ihren Gartenformen lieben sie aber die Sonne, der Boden sollte dabei immer noch so gemulcht werden, wie es im Wald üblich ist: mit Rindenstücken, Nadelstreu und »saurem« Humus«.

Die Erdbeere – einfach köstlich!

Sie ist die wohl am meisten angebaute Beerenfrucht und wächst besonders leicht und unproblematisch. Unsere Gartenerdbeeren sind Kreuzungen von amerikanischen Erdbeeren und Pflanzen, die aus Chile stammen. Erdbeeren werden etwa drei Jahre auf einem Beet kultiviert, daher muss der Boden gut vorbereitet und mit Kompost versorgt werden. Gepflanzt werden die Erdbeeren am besten Ende Juli, Anfang August. Bei Erdbeerstauden, die einmal tragen, werden nach der Ernte alle Blätter entfernt. Damit kann man die Probleme mit Krankheiten deutlich reduzieren. Auch alle Ausläufer entfernen und die Pflanzen mit Kompost, Steinmehl und Hornspänen versorgen. Im Herbst bereiten die Erdbeeren die Blütenansätze für das kommende Jahr vor.

Erdbeeren sind keine Beeren, sondern **Sammelnussfrüchte**

Erdbeeren sind wohl deshalb so beliebt, weil sie köstlich und kalorienarm sind: Nur 32 kcal für 100 Gramm.

Karl Profitipps

Die wohl köstlichste Erdbeere, die es gibt, heißt »Mieze Schindler«. Eine alte Sorte, die das Aroma der Walderdbeeren mit der Fruchtgröße der »Ananas-Erdbeere« verbindet. Die Frucht ist fast nicht lagerfähig und sollte sofort konsumiert werden. Bei mir schafft sie es nicht einmal vom Beet in die Küche – ich hab sie vorher schon vernascht…
Ganz wichtig: Mieze Schindler benötigt einen Befruchtungspartner, sonst gibt es keine Erdbeeren. Die bekannte Sorte 'Senga Sengana' ist zum Beispiel so eine Sorte. Ich empfehle aber: 'Mieze Schindler Nova' – sie ist selbstfruchtend, genau so köstlich und noch ertragreicher. Die vielen »Kindel«, die diese Sorte bildet, sind ein idealer Bodendecker unter Johannisbeeren.

Die Himbeere – rot und »heiß wie die Liebe«

Vanilleeis mit kurz erhitzten Himbeeren sind eines der beliebtesten Desserts – genannt »Heiße Liebe«
Im Beerengarten beginnt im Sommer die schönste Zeit, denn die Himbeeren sind reif. Sie sind für mich die »Jausenstation« im Garten. Himbeeren sind eine sehr einfach zu kultivierende Pflanze, vorausgesetzt, man kennt die Ansprüche dieser Beerensträucher. Himbeeren werden am einfachsten am Rand des Gartens in einem Beet kultiviert, das eine eher »saure Bodenreaktion« aufweist. Beim Anlegen sollten daher schon Rindenhumus und Kompost eingearbeitet werden. Zum Abdecken der Erde verwenden Sie immer Rindendekor (ca. 10 cm dick auftragen). Die dadurch gewährleistete ständige Bodenfeuchte wirkt sich gut auf das Wachstum der Pflanzen aus und lässt viele junge Triebe gedeihen.
Das gefürchtete Rutensterben (tritt immer im 2. Jahr auf) kann man durch diese Maßnahmen und einen richtigen Schnitt in den Griff bekommen: Alle abgetragenen Ruten werden nach der Ernte bodeneben abgeschnitten. Auch alle dünnen Äste kommen weg, nur kräftige und gesunde Himbeerruten bleiben stehen. Der Abstand zwischen den Ruten sollte etwa 25 bis 20 cm betragen. Im Jahr darauf treibt die Pflanze kräftig durch – mit gesunden Ruten.

Robust und wurmfrei – Herbsthimbeere

In Gärten, in denen die Rutenkrankheit alljährlich die Triebe regelrecht dahinrafft, sollte die herkömmliche Himbeere nicht mehr gepflanzt werden. Toptipp ist die Sorte »Autumn Bliss«. Sie ist robust und pflegeleicht. Die Ernte beginnt aber erst im August, dauert dafür bis zum Oktober. Das Besondere an dieser Sorte: Alle Triebe werden im Spätherbst radikal bis zum Boden abgeschnitten, denn diese Himbeere fruchtet auf den einjährigen Trieben. Noch ein Vorteil: sie ist garantiert wurmfrei!

MACH ES SO

Himbeeren am besten in ein Beet setzen, das links und recht von Drähten begrenzt wird. Die Pfähle sollten etwa dreieinhalb Meter hoch sein. Drei Reihen Draht (in 80, 160 und 240 cm) sorgen dann für einen stabilen Halt. Bei der Bodenbearbeitung sehr vorsichtig sein – Verletzungen der Rinde können sehr rasch Krankheiten auslösen. Das Rutensterben, bei dem gerade zum Beginn der Ernte ganz Triebe absterben, gehört dazu.

SO NICHT

Ein Kreuz und quer bei den Trieben und ein fast undurchdringliches Dickicht – so sollte eine Himbeerkultur nicht aussehen. Sehr schnell verliert man bei der Ernte die Freude und die Pflanzen werden krank.

Oft leuchten noch in der Oktobersonne saftige Früchte – Herbsthimbeeren sind köstlich und tragen bis zum Frost.

Die Johannisbeere – sauer macht lustig

Die Johannisbeere (oder Ribisel) gehört zu den ältesten Beerenfrüchten im Hausgarten. Selbst in alten Bauerngärten fand man bereits diese Sträucher. Johannisbeeren sollten an einem sonnigen Platz auf lockerem und humusreichem Boden stehen. Jährlich im Herbst erhalten die Sträucher eine reichliche Gabe Kompost.

Niemals darf im Bereich der Johannisbeersträucher umgestochen werden. Die Pflanzen wurzeln nämlich sehr flach. Daher ist auch im Sommer eine Mulchdecke günstig, sie schützt die Wurzeln vor dem Austrocknen. Oder man pflanzt Bodendecker wie die Erdbeere 'Mieze Schindler Nova'.

Die Sträucher entwickeln besonders viele Seitentriebe, wenn sie beim Pflanzen etwas tiefer gesetzt werden, als sie in der Baumschule (im Topf) standen. Wichtig ist auch der regelmäßig Rückschnitt: Alljährlich im Herbst sollten die ältesten Triebe entfernt werden.

Karls Profitipps

Johannisbeeren »verrieseln« oft – das heißt, die Fruchtstände verlieren knapp vor der Ernte eine Vielzahl an Beeren. Der Hauptgrund ist meist Trockenheit oder Bodenbearbeitung. Die Flachwurzler wollen nicht gestört werden! Daher gut gießen und vor allem die Erde mulchen (mit einer dünnen Schicht Rasenschnitt) und jährlich mit Kompost versorgen. Damit die Johannisbeeren vital bleiben, werden die 3–5-jährigen Äste (das sind meist die mit vielen Flechten an der Rinde) bodeneben herausgeschnitten.

Guter Tipp: Bei der Ernte diese Triebe mitsamt den Früchten herausschneiden, dann kann man sie bequem abrebeln.

Ernte- oder Naschzeit? Nicht alle der köstlichen Früchte landen im Körbchen, aber es gibt sicher genug Vorrat.

Johannisbeere und Stachelbeere

MACH ES SO

Zu Beginn der Brombeer-Ernte darauf achten, dass neben den vollreifen Beeren auch jene abgepflückt werden, die noch einige rote Beerenteile haben. Hier sitzt die Larve des Brombeerblütenstechers drinnen. Lässt man diese Früchte an der Staude, dann fällt sie im Spätherbst zu Boden und die Larve wandert in die Erde, überwintert, schlüpft im Frühjahr und dann befällt das Insekt viele andere Blüten.

SO NICHT

Brombeeren mit Dornen haben im Garten nichts mehr verloren. Die neuen Sorten ('Navaho', 'Thornless') machen ein unfallfreies Ernten möglich.

Die Stachelbeere – grüne Köstlichkeit

Man könnte fast sagen, diese Beere führe ein Schattendasein, so sehr ist sie in Ungnade gefallen: der Mehltau setzte dieser Pflanze extrem zu. »Amerikanischer Stachelbeermehltau« nennt sich die Krankheit, die aber nun in den Griff bekommen werden kann, wenn man die richtigen, beinahe völlig resistenten Sorten wählt. 'Pax', 'Invicta', 'Titania' gelten als sehr robust (sehr oft auch unter anderen Namen im Handel). Stachelbeeren benötigen ein sonniges Platzerl, gedeihen jedoch noch im Halbschatten ganz gut. Auch bei ihnen sollte der Boden mit Rindenmulch abgedeckt werden. Kompost und verrotteter Rindermist sind ebenfalls günstig für diese Sträucher. Ganz wichtig ist der richtige Schnitt, der für einen luftigen Aufbau sorgt. Denn nur dort, wo sich stickige Luft bildet, ist auch der lästige Mehltau daheim. Nicht ganz so ertragreich, aber bequem zu ernten sind übrigens Stämmchen. Sie sind noch gesünder im Wuchs.

Die Brombeere – nochmals sauer

Im August beginnt der Genuss und der dauert bis in den Spätherbst an. Brombeeren sind viel köstlicher als ihr Ruf. Ein wenig dauert es bis zur ersten großen Ernte, aber ist die Brombeere einmal im Wachstum, dann gibt es kein Zurück. Das Wachstum ist überbordend und daher heißt es: nie mehr als drei bis fünf der neu gewachsenen Triebe stehen lassen und an einem stabilen Spalier festbinden. Diese Triebe sind die Fruchttriebe des kommenden Jahres und setzen Blüten und Früchte an. Manche verzweifeln im Jahr darauf, denn dann sind die »neuen« Triebe (die für die Ernte im nächsten Jahr wachsen) und die Fruchttriebe in einem wilden Dickicht. Da heißt es rigoros ausschneiden. Brombeeren benötigen viel Sonne und einen gut durchlüfteten Standort, denn gerade im Herbst kommt es sonst sehr schnell zu Grauschimmel an den Früchten. Grundsätzlich gilt auch hier: Je größer die Vielfalt, desto weniger Krankheiten treten auf. Gefährlich ist immer die Monokultur einer Sorte, dann kommt es oft zu Schäden durch Pilzerkrankungen.

Stachelbeeren schmecken vollreif am besten: Daher warten, bis sich die Früchte grüngelb oder leicht rot färben.

Die tollsten Typen zum Vernaschen

Noch viel zu selten in unseren Gärten zu finden: Kulturheidelbeeren sind robust und lecker, wollen aber sauren Boden.

Die Newcomer im Beerenreich

Heidelbeeren und Cranberries sind seit einigen Jahren die Newcomer im Garten. Wohl aus mehreren Gründen: sie sind praktisch frei von Schädlingen und Krankheiten und tragen überreichlich. Außerdem sind sie ganz leicht zu pflegen. Ein Versuch lohnt sich!

Heidelbeeren – Geschmack ohne schwarze Zunge

Die großen Früchte mit der blauen Schale und dem grünen Fruchtfleisch haben rasch die Herzen der Europäer erobert. Ursprünglich kommen sie aus Amerika, wo sie schon Jahrzehnte in den Verkaufsregalen der Supermärkte zu finden waren. Die Mitteleuropäer waren lange skeptisch und auch verwöhnt von den echten Waldheidelbeeren. Sie sind durchgehend gefärbt und freilich noch schmackhafter. Die Kulturheidelbeere ist allerdings in den letzten Jahren züchterisch geschmacklich deutlich verbessert worden. Vor allem die Sorte »Bluecrop« gehört zu den besten – was sowohl den Ertrag als auch das Wachstum und die Größe der Früchte betrifft.

Sauer macht Heidelbeeren lustig

Heidelbeeren haben nur eine Vorliebe – nämlich einen sauren Boden. Sie brauchen einen Boden, der kalkfrei ist. Wenn der nicht vorhanden ist, sollte man am besten eine Art Hochbeet anlegen, wo die Pflanzen in einer Erde wachsen, die absolut kalkfrei ist.

Karl meint:

Rhododendronerde, gemischt mit einem Drittel **Sägespänen,** ist das beste **Substrat** für Heidelbeeren. **Jedes Jahr** ergänzen

Cranberries – vitaminreicher Bodendecker

Die Cranberries sind so richtig im Kommen: Ob getrocknete Cranberries, Cranberry-Saft oder Marmelade – allmählich finden die Europäer Gefallen an diesen Früchten, die in den USA zum Standardsortiment der Obsthändler zählen.
Im Garten wachsen die »großen Moosbeeren« ideal am Teichrand – innerhalb der Folie, denn sie lieben einen feuchten, kalkfreien Boden, bilden Triebe von bis zu einem Meter Länge und decken so den meist unschönen Übergang zwischen Teichfolie und Mutterboden ab.
In den ersten Jahren ist das Wachstum noch mäßig, später aber bilden sie dichte Teppiche. Sie blühen ab Ende Juni, Anfang Juli, dann wachsen allmählich die später kirschgroßen Früchte, die kräftig rot aus dem grünen Blätterteppich leuchten. Geerntet wird erst im Spätherbst oder man lässt die Früchte an den Pflanzen, denn man kann sie selbst im Winter und auch noch im Frühjahr pflücken.

Karls Profitipps

Heidelbeeren benötigen beinahe keinen Schnitt. Es reicht, wenn man nach drei, vier Jahren einige der ältesten Triebe herausschneidet, damit die Pflanze vital bleibt und sich verjüngt. Ganz wichtig bei den Kulturheidelbeeren ist das regelmäßige düngen. Ich verwende dafür im zeitigen Frühjahr einen organischen Rhododendron-Dünger. Gleich nach der Ernte gibt es noch eine halbe Dosis Nachdüngung. Damit ist ein kräftiges Wachstum gewährleistet.
Die Cranberries benötigen keinerlei Schnitt. Alles, was stört und zu stark wuchert, wird weggeschnitten. Damit regt man immer wieder einen kräftigen Neuaustrieb mit vielen Blüten und Früchten an.

Cranberries sind die idealen Bodendeckerpflanzen am Teichrand. Mit ihren langen Trieben erobern sie allmählich selbst größere Flächen.

MACH ES SO

Ein kleines Hochbeet hat in meiner sehr kalkhaltigen Erde das Problem mit den »sauren« Gelüsten der Heidelbeeren gelöst. Knapp 50 cm ist es hoch, die Muttererde wurde beseitigt und als unterste Schicht Gehölzschnitt eingestreut. Darauf kommt dann der Laub-Erde-Kompost (3 Jahre abgelegen) und dann die Mischung aus Rhododendronerde (3 Teile) und Sägespäne (1 Teil). Das ideale Substrat für diese kalkfeindlichen Gehölze.

SO NICHT

In normale Gartenerde (mit etwas Rhododendronerde vermischt) gesetzt, bekommen die Heidelbeeren gelbe Blätter und beginnen ab dem 2. Jahr zu kümmern. Weder Dünger noch Regenwasser hilft da.

Obst – ein Genuss für den Gaumen

Zu den genussvollsten Momenten eines Gartenbesitzers zählt die Ernte. Vor allem die Ernte von Obst. Wenn man vor einem Obstbaum steht, der voll mit Früchten behängt ist, dann wird klar, warum es heißt: Liebe geht durch den Magen.

Einfach genial – Obst vom eigenen Baum

Es gibt für jeden Gartenbesitzer einige Phasen im Jahr, da würde er das Stück Land am liebsten verkaufen: Frost, Trockenheit, dann wieder zu viel an Regen… Doch: Reifen die Früchte, findet die Freude kein Ende. Obstgehölze gehören einfach in einen Garten – auch wenn die Ernte nicht immer übermäßig ist, alleine den Jahreslauf an einem Fruchtgehölz zu beobachten macht das Gärtnern interessant.

1. Obstbäume haben auch eine **Zierfunktion!** Ob die schlanken Ballerina-Apfelbäume, die Heidelbeeren mit ihrer tollen Laubfärbung oder ein in voller Blüte stehender Kirschbaum – Argumente gibt es viele.
2. Vitamine an der **Hauswand**: Spalierbäume sind überaus dekorativ. Ob Marille, Nektarine oder Wein – sie alle genießen den Schutz der Mauer und zieren das Haus.
3. Achtung bei **Wühlmäusen!** Gleich beim Pflanzen an den Gitterkorb denken. Das spart später viel Ärger.
4. Auf die **Sorte** achten! Je nach Klima und Standort sollte man unterschiedliche Sorten wählen.
5. Vertrauen Sie Ihrem Gärtner! Baumschulen und Gärtnereien haben große Erfahrung. Beschweren Sie sich aber auch, wenn der Rat einmal falsch war.
6. **Schneiden** Sie die Obstbäume! Aber nicht selbst, wenn Sie keine Ahnung haben – die durch unfachgerechten Schnitt entstehenden »berühmten« Besenbäume tragen keine Früchte!
7. Lassen Sie die **Hände vom Gift!** Wenn Sorte, Standort und Pflege stimmen, dann wächst die Pflanze gut und bleibt gesund.

Keine Frage des Platzes

Die Gärten werden immer kleiner, da ist der Traum von den großen Streuobstwiesen von früher in weite Ferne gerückt. Aber dank neuer Züchtungen lässt sich auch auf kleinstem Raum, ja selbst in Töpfen auf Balkon und Terrasse Obst kultivieren. Säulenobstbäume, Minitrees – sie alle liefern nicht Hunderte Kilogramm an Früchten, sondern ein paar Dutzend. Aber das Erlebnis des Wachsens und Gedeihens verspürt man hautnah. Und dank robuster und resistenter Sorten sind die Rückschläge gering. Noch ein Vorteil: Die neuen schwach bzw. sogar säulenförmig wachsenden Bäumchen müssen wenig geschnitten werden. Ein paar Regeln genügen und der Schnitt ist erlernt. Alles Gründe, warum Obst plötzlich wieder so interessant ist.

> **Karl meint:**
> Ein Garten, in dem **nichts geerntet** werden kann, macht **nur halb so viel Spaß!** Auch die Gartenliebe geht durch den **Magen** – erst dann wird der **Gartengenuss** zur Vollendung

Je nach Größe des Gartens wählt man die Gehölze aus. Ich empfehle, bei der Sortenwahl lokalen Gärtnern, Baumschulen oder Obst- und Gartenbauvereinen zu vertrauen. Sie haben die Erfahrung und kennen die klimatischen Grundlagen, die für Obstbäume von entscheidender Bedeutung sind. Generell kann aber gesagt werden, dass die neuen »Resista-Sorten« kaum noch Probleme mit Krankheiten haben.

MACH ES SO

Bäume zu pflanzen ist wie ein Haus bauen. Die Fakten, die man damit schafft, bleiben Jahrzehnte bestehen. Daher muss der Boden gut vorbereitet werden. Besonders dann, wenn er stark verdichtet ist: Tiefgründig lockern und Sand und Kompost einarbeiten. Bei Staunässe Hügelpflanzung überlegen. Dabei werden die Ballen bloß auf den Mutterboden gestellt, verankert und angehäuft.

SO NICHT

Pflanzgruben exakt so groß wie der Topf des zu pflanzenden Baumes sind das Ende vom Anfang. Meist »ertrinkt« der Baum und kümmert.

Karls Profitipps

Gärtnern ohne Gift sollte das Ziel sein, vor allem wenn es um Pflanzen geht, die Früchte zum Genuss liefern. Ein besonderes Sorgenkind sind zum Beispiel die Blattläuse.

Sie haben aber so viele natürliche Feinde, dass man nur im Notfall eingreifen muss: Ein ganz normaler Tontopf wird im Nu zum Jagdquartier für Ohrwürmer. Holzwolle in den Topf stopfen und an einer Schnur an einen Baum hängen, sodass der Rand den Stamm berührt – bald nisten sich Ohrwürmer ein und schwirren in der Nacht zum Lausfang aus. Um die Nützlinge schneller anzulocken, den Topf zuerst einige Tage unter Sträucher legen.

Obstgärten sind nützlich und dekorativ – Blütenpracht im Frühjahr, Schatten im Sommer und Ernteglück im Herbst.

Mein Apfel aus dem Paradies

Ein wenig Geduld gehört dazu. Das muss gleich zu Beginn gesagt werden, aber wenn ein Apfelbaum dann einmal stattlich im Garten steht und sich im Frühling mit Blüten schmückt, im Sommer Schatten für einen Liegestuhl oder eine Kinderschaukel bietet und schließlich im Herbst voll mit reifen Früchten steht, dann ist das ein Stück Paradies.

Bäume für größere Gärten

Eine große Streuobstwiese mit bunten Wiesenblumen unter reich tragenden Obstbäumen – das bleibt meist ein Traum. Denn dafür benötigt man viel Platz – sehr viel sogar. Der Pflanzabstand bei solchen Bäumen sollte zumindest fünf, wenn nicht sogar zehn Meter betragen. Und gerade diese Gehölze benötigen einige Jahre Zeit, bis sie tatsächlich reichlich Früchte tragen.

Resistente Sorten sind gefragt

Wählt man einen Apfelbaum, der auf Halbstamm gezogen wurde, so sollte man bei der Sorte auf die resistenten Züchtungen setzen. Als Sommersorte (Ernte Mitte August) ist zum Beispiel für den Hausgarten die Sorte 'Retina' empfehlenswert, 'Rubinola' (Anfang bis Mitte September) bringt süß-säuerliche Früchte und 'Florina' als Herbst und Lagerapfel ist generell eine absolut gesunde Topsorte.

Es müssen nicht die großen Obstbäume sein – Säulenobst hat in jedem Garten Platz und liefert ausreichend Ernte.

Karl meint:
Der **Trend** geht heute zu den **klein bleibenden Sorten.** Sie liefern rasch Früchte – mit ihnen kommt dann die **Lust aufs Gärtnern**

Apfelbäume in Säulenform

Der Trend der letzten Jahre in kleinen Gärten und auf Terrassen ist der Säulenbaum. Die ersten Apfelbäume der Sorte 'Ballerina' ('Bolero', 'Waltz', 'Polka') waren bereits ein Renner. Neue Sorten, die geschmacklich noch besser sind und die noch robuster gegen Krankheiten, wie Mehltau oder Schorf sind, haben ihnen den Rang abgelaufen.

Besonders interessant sind die Sorte 'Malini', eine sogar feuerbrandresistente Sorte, oder die schorfresistenten Sorten 'Lancelot' oder 'Ginover'. Interessant und vor allem mit einer garantierten jährlichen Ernte sind die Sorten der Cats-Serie: 'Starcats', 'Redcats' und 'Suncats' wachsen langsam und kompakt. Wie alle Säulenäpfel werden sie maximal vier Meter hoch (können aber nach 6–7 Jahren eingekürzt werden) und es müssen nur die Seitenäste entfernt werden, so sich welche bilden.

Kommt ein Säulenbaum nach 7–10 Jahren einmal ins »Erwachsenenalter«, muss er eingekürzt werden. Das passiert im August, gleich nach der Ernte: Der Hauptstamm wird knapp über einem kleinen Seitentrieb abgeschnitten.

Sieben Tipps für Säulenäpfel

1. **Einen sonnigen Standort wählen** – ob im Topf oder ausgepflanzt
2. **Das Pflanzloch** sollte 3–4 mal so groß sein wie der Topf, in dem der gekaufte Baum steht. Abstand zum nächsten Baum etwa 80 cm.
3. **Boden gut aufbereiten** – mit Kompost, Hornspänen und evtl. Sand. Das gilt auch für Bäume im Topf. Hier hat sich die Zugabe von Bims oder Lava bewährt.
4. **Nicht zu tief setzen** – Veredelung muss eine Handbreit ÜBER der Erde sein.
5. **Geschnitten** wird der Säulenapfelbaum **grundsätzlich nicht**. Nur die Seitenäste, die sich manchmal bilden, werden (im August) entfernt.
6. Unbedingt **einen Baumpfahl einschlagen**, denn der Fruchtansatz ist oft gewaltig.
7. **Bei zu vielen Früchten im Juni ausdünnen** – damit werden die Äpfel größer.

Karls Profitipp

Säulen-Apfelbäume lassen sich im Topf perfekt ziehen. Er sollte nur nicht zu klein, aber auch nicht zu groß sein. In den ersten Jahren reicht ein Durchmesser von 50 cm, später wird der Baum mit max. 80 cm das Auslangen finden. Wählt man den Topf zu klein, leidet die Pflanze an Nährstoffmangel und/oder Trockenheit. Nimmt man einen zu großen Topf, kann er an Staunässe zugrunde gehen.

Abhilfe kann hier eine Unterpflanzung mit einjährigen Sommerblumen, Kräutern oder Erdbeeren schaffen – sie ziehen das Zuviel an Wasser ab und die Wurzeln des Baumes beginnen nicht zu faulen. Wichtig ist die jährliche organische Düngung.

MACH ES SO

Apfelbäume sind die einzigen Säulenbäume, die genetisch im Wesentlichen auf ein straff aufrechtes Wachstum programmiert sind. Beginnt man bei ihnen zu schneiden, dann kann es zu starkem Wachstum kommen, weil plötzlich schlafende Knospen »erwachen«. Daher immer im August schneiden, da hat der Baum den Wuchs für dieses Jahr abgeschlossen und quasi seine Kräfte verbraucht. Er treibt nun kaum noch aus.

SO NICHT

Ein Winterschnitt (im Februar), wie sonst bei Obstbäumen üblich, sollte beim Säulenobst – egal, ob Apfelbäume oder auch andere Sorten – nicht erfolgen. Er würde nur starke Triebbildung auslösen.

Die süßesten Kirschen – wachsen vor der Nase

Ein Kirschbaum – voll mit Früchten. Und das haushoch! Ein Traum? Die Ernte von solchen an sich wunderschönen Bäumen ist de facto unmöglich. Ja sogar lebensgefährlich, wie sich Jahr für Jahr durch die Abstürze von Leitern beim Kirschenpflücken zeigt. Wer die süßen Früchte nur zum Naschen in den Garten holen will, der schafft das perfekt mit den schwach wachsenden Sorten, die nun oft als »Säulen-Kirschen« angeboten werden.

Kirschen brauchen die Schere

'Claudia', 'Sara', 'Campanilo' oder auch 'Fruttini'/'Garden Bing' sind Kirschen, die auch auf kleinstem Raum gezogen werden können. Allerdings bilden diese Säulen-Sorten Seitentriebe, die gekürzt werden müssen – jedes Jahr auf etwa 20 cm. Damit bleibt der Säulenwuchs erhalten. Wird der Baum nach einigen Jahren zu hoch, wird der Haupttrieb direkt über einem Seitenast abgeschnitten. Gleich nach der Ernte, denn dann treibt der Baum durch und bildet einen neuen Hauptast.

Ein Spalier, bepflanzt mit mehreren Säulenkirschen – Abstand von etwa 80–100 cm, liefert einen gar nicht schlechten Ertrag. Vor allem kann man aber ohne Leiter und damit ohne Gefahr die Früchte ernten. Auch der Schutz mit einem Vogelschutznetz ist viel einfacher, und sollten einmal Läuse oder Krankheiten auftauchen, lassen sich mit kleinen Handsprühflaschen die biologischen Mittel ganz leicht anwenden.

*Kirschenernte ohne Leiter! Ein Spalier aus **schwach wachsenden** Säulenkirschen macht das möglich*

Süße Kirschen wachsen auch im eigenen Garten: Sollen sie schlank bleiben, benötigen sie kräftigen Schnitt.

Karls Profitipps

Wurmige Kirschen gehören zu den lästigsten Dingen. Da sind saftige, rote Kirschen, und kaum beißt man zu, erlahmt der Genuss …

Es gibt aber einige Möglichkeiten, die lästigen Würmer zu bekämpfen. Ziel Nummer eins im Biogarten ist der Einsatz von Nützlingen – hier gehören Meise & Co. zu den Hauptjägern der Kirschfruchtfliege. Wählt man Sorten, die sehr früh bzw. sehr spät reif werden, ist die Chance, dass sie wurmfrei bleiben, ebenfalls sehr hoch. Und als perfekte Abwehrmaßnahme, vor allem bei kleinen Bäumen, haben sich gelbe Leimtafeln entwickelt. Von ihnen werden die Kirschfruchtfliegen angelockt (normalerweise suchen sie die gerade gelb werdenden Kirschen) und bleiben an der giftfreien Tafel kleben.

Zwetschge oder Pflaume – Hauptsache sie schmeckt!

Gerade Pflaumen (bei uns in Österreich sind das die Zwetschken – mit »k«!) sind im Garten ein Problemkind. Entweder trägt der Baum jahrelang nichts oder er wird so groß, dass man auch nichts mehr davon hat. Auch hier haben sich die schwach wachsenden Säulenbäume bewährt.
Bei den Sorten wählt man zum Beispiel 'Fruttini Skyscraper', 'Black Amber', 'Imperial' oder 'Liane', lauter Obstbäume, die rasch einen Ertrag bringen und mit wenig Aufwand kultiviert werden können. Diese Sorten sind auch wenig anfällig für Krankheiten (z. B. Scharka).

Gepflanzt wird so

Wie bei allen Obstgehölzen ist die Bodenvorbereitung sehr wichtig. Zwetschgen lieben einen voll sonnigen Platz in humosen Böden. Kalkhaltig sollte er sein und vor allem nie austrocknen. Daher ist das Mulchen der sogenannten Baumscheibe mit Rasenschnitt eine wichtige Maßnahme. Rasen sollte nicht direkt um den Baum wachsen – er würde zu viel an Nährstoffen und an Feuchtigkeit aufsaugen.

Damit genügend Nährstoffe zur Verfügung stehen werden auch die Pflaumenbäume jährlich mit Kompost versorgt – am besten zusammen mit Hornspänen, damit wird eine ausreichende Langzeitdüngung erzielt. Der Kompost sorgt für eine gleichmäßige Nährstoffversorgung. Zusammen mit dem Bodenleben werden Ton-Humus-Komplexe gebildet, die das »Futter« und die Feuchtigkeit langfristig speichern.

Pflaumen sind ein Genuss – vor allem dann, wenn man sie wirklich reif und zuckersüß erntet

MACH ES SO

Große Schäden entstehen Jahr für Jahr durch sogenannte Frostrisse an den Stämmen. Die kräftige Wintersonne erwärmt tagsüber die Rinde, der Saftstrom beginnt zu fließen und in der Nacht reißt dann bei klirrendem Frost die Rinde auf. Weiße Baumanstriche reduzieren die Gefahr deutlich. Alternativ kann auch an die Südseite ein breites Brett gestellt werden. Obstbäume sind dafür besonders anfällig, bei den Zierbäumen ist es vor allem die Linde.

SO NICHT

Bäume im Topf sollten nicht der direkten Wintersonne ausgesetzt werden. Keinesfalls in Folie packen, sondern nur mit Jutte einhüllen. Der Baum würde zu früh austreiben.

Zwetschge, Zwetschke oder Pflaume – egal! Als Säulenobst benötigt sie wenig Platz und schmeckt köstlich.

Aprikosen wachsen an der Hauswand

Es gibt für mich keine köstlichere Frucht. Sonnengereift gepflückt, wenn das Fruchtfleisch schon fast wie Marmelade ist – das ist wieder einer der paradiesischen Momente in einem Garten.

Die 'Ungarische Beste' halte ich nach wie vor für eine der besten Sorten. Gepflanzt wird an der ostseitigen Hauswand im Regenschutz des Daches, in einem Substrat, das mehr aus Schotter denn aus Humus besteht – also gut durchlässig ist. Obenauf kommt alljährlich etwas Kompost. Kaum Gießwasser, niemals Dünger. Dieses karge Leben ist es, das die Marille (so nennt man sie in Österreich) mag und das sie mit gesundem Wuchs und köstlichen Früchten dankt. Noch etwas sollte man wissen: Aprikosen beginnen oft sehr früh zu blühen. Daher für Sonnenschutz sorgen – bei mir besorgt das eine Wildsträucherhecke, die das kräftigste Licht der noch tief stehenden Frühlingssonne abhält.

Karls Profitipps

Aprikosenbäume benötigen viel Wärme. Doch selbst an der Nordostseite wächst bei mir seit einigen Jahren ein Aprikosenbaum. Er hat alljährlich Früchte. Heuer übrigens die größten und schönsten.
Und seit zwei Jahren steht noch ein dritter Aprikosenbaum an der Westseite des Hauses. Ein besonderer, der verschiedene Sorten trägt: 'Aurora', 'Bergeron' und wiederum die 'Ungarische Beste'. Gut zwei, drei Wochen dauert die Ernte. Eine Hoch-Zeit der Genüsse: von frischen Früchten bis zu den typisch österreichischen Mehlspeisen wie Marillenknödeln, Topfen-Marillen-Strudel und überbackenen Marillenkuchen, hmmm ….

Ertappt! Wenn die Aprikosenernte startet, dann ist immer ein Abstecher zum Spalierbaum an der Hauswand angesagt.

MACH ES SO

Das sogenannte Schlagtreffen ist eine berüchtigte Aprikosenkrankheit. Über Nacht werden einzelne Äste, manchmal aber auch der ganze Baum welk. Tatsächlich ist es eine Überanstrengung des Baumes in den Jahren davor. Der Baum hat zu viel Früchte angesetzt, die Leitungsbahnen sind dadurch so überlastet, dass sie im Jahr darauf k. o. gehen. Daher Fruchtansätze ausdünnen, dass vier Finger zwischen den einzelnen Früchten Platz finden, später genügen zwei.

SO NICHT
Viel Dünger und vor allem übermäßig viel Wasser kurbeln das Wachstum des Baumes an.

Probleme mit den Aprikosen

Sehr oft fallen bei Aprikosen die ersten Früchte ab: Meist ist das kein Problem – der Baum stößt sie ab, weil seine Wurzeln sie nicht versorgen können. Wirklich beachtenswert wird es bei längeren Trockenperioden. Da muss dann gegossen werden.

Manchmal kommt es vor, dass Früchte braune Hautstellen aufweisen und runzelig sind: **Pilzerkrankungen,** wie sie durch viel Regen sehr häufig vorkommen, sind die Ursache. Ganz wichtig: alle befallenen Früchte entfernen, damit die Krankheit im kommenden Jahr nicht wieder auftritt. Vor allem sollte man alle Fruchtmumien (also am Baum vertrocknete kaputte Früchte) entfernen. Sie sind eine ganz extreme Infektionsquelle.

Bei Bäumen, die dem Regen ausgesetzt sind, also nicht an der Hauswand – geschützt vor Niederschlag – stehen, kommt immer wieder das sogenannte **Triebsterben** vor. Das ist ebenfalls eine Pilzkrankheit, die meist gleich nach der Blüte auftritt. Regen bringt die Erreger in die Blüte und verursacht diese Spitzendürre. Die sofortige Maßnahme: Rückschnitt ins gesunde Holz und der Baum wird wieder durchtreiben und die Krankheit problemlos wegstecken.

Die besten Sorten

- **'Ungarische Beste'** – reift nicht gleichzeitig und hat bei Vollreife ein besonders aromatisches Fruchtfleisch.
- **'Goldrich'** – hat zartrosa Blüten und damit auch einen Zierwert. Ist besonders frostfest und unempfindlich gegen Krankheiten.
- **'Kuresia'** – eine interessante Neuzüchtung, die fast völlig gegen die Viruskrankheit Scharka resistent ist.
- **'Hargrand'** – mit mattorangen Früchten, die extrem groß sind. Benötigt aber auch geschützte Standorte.

Als Säulenobst lässt sich die Sorte **'Goldfeuer'** gut ziehen, ebenfalls sehr schlank gehalten werden kann die Sorte **'Somo'**. Sie wird auch als sehr resistent gegenüber der Spitzendürre eingestuft.

Kompott, Klöße, Marmelade oder einfach frisch im Obstsalat – diese Früchte zählen zu den Favoriten im Hausgarten.

Pfirsiche – die saftigsten Früchtchen

Pfirsiche und Nektarinen gehören zu den köstlichsten Früchten, sie sind aber auch ein wenig anspruchsvoll, denn ein paar Regentropfen im Frühjahr genügen und die lästige Kräuselkrankheit macht sich breit. Wenn ich gleich mit dieser negativen Botschaft einsteige, dann ist das aber auch die Aufforderung, Pfirsiche dennoch zu pflanzen, denn die ersten erkrankten Blätter fallen relativ rasch ab und dann treiben neue, völlig gesunde Blätter aus.

Geschützter Standort gefragt

Auch bei den Pfirsichen und Nektarinen hat sich ein Standort an der Hauswand bewährt. Damit ist das Problem der Kräuselkrankheit beinahe vergessen. Beim Schnitt sollte man immer sehr rigoros vorgehen, damit der Baum nicht vergreist und vital bleibt. Ideal ist es, gleich nach der Blüte zu schneiden. Dann ist die Wundheilung am besten und man erkennt auch gleich, welche Fruchttriebe tatsächlich Obst bringen und welche nicht.

Die besten Sorten

- 'Grazia' ist ein sehr schlank wachsender, gut zu kultivierender Säulenpfirsich. Der Kern löst sich selbst und – ganz wichtig – der Baum ist selbstfruchtend.
- 'Benedicte' ist eine Neuzüchtung, die kaum (bzw. sehr selten) die Kräuselkrankheit bekommt. Das Fruchtfleisch ist weiß und sehr aromatisch.
- 'Fruttini Aliceco' ist eine gelbfleischige Säulennektarine mit gesundem Wuchs und kurzen Seitenverzweigungen.

Auch Birnen geben sich schlank

Eine richtige Säulenform gibt es bei der Birne nur dann, wenn man mit der Schere aktiv ist. Allerdings sind folgende Sorten besonders schlank und aufrecht im Wuchs. Alle sind mehr oder weniger selbstfruchtend, wenn irgendwo in der Nähe ein weiterer Birnbaum steht.

- 'Fruttini Obelisk' hat sehr süße, saftige Früchte. Alle Seitenäste sollten – so die Züchter – im Juli und im Februar auf 20 cm gekürzt werden. Dadurch baut sich relativ rasch viel Fruchtholz auf.
- 'Concorde' hat gelbgrüne Früchte und bevorzugt, wie Birnen generell, einen sehr geschützten Standort mit humoser, gut durchlässiger Erde.

Standorte an der Hauswand sind gefragt, denn Probleme gibt es dann, wenn die Pfirsichbäume im Regen stehen.

> **Karl meint:**
> **Birnengitterrost** mit roten Pusteln an der Blattunterseite ist eher ein **ästhetisches** denn ein **existenzielles Problem**

Pfirsiche und Birnen | 75

MACH ES SO

Pilzkrankheiten bekämpft man im Biogarten mit Schachtelhalmextrakt. Die Kieselsäure stärkt die Blattoberfläche und die Krankheitserreger können nicht eindringen. Das Rezept: Ackerschachtelhalm (10 Liter Eimer zur Hälfte mit frischem Kraut füllen), 24 Std. einweichen und danach ¾ Std. köcheln lassen.

SO NICHT

Niemals so gießen, dass Blätter über Nacht feucht bleiben – das gilt generell bei allen Pilzkrankheiten. Mehltau, Sternrußtau oder auch Rosenrost gehören da genauso dazu wie die Kräuselkrankheit oder der Birnengitterrost.

Karls Profitipps

Pflanzen stärken, das ist ein Geheimnis des biologischen Gartenbaus. Wie heißt es so schön? Besser vorbeugen als heilen. Und das gilt für alle Gewächse – ob im Topf oder im Garten. Bei den Bäumen bedeutet das ganz einfach: sanfte, jährliche Düngung mit Kompost und organischem Dünger. Damit ist das Wachstum konstant und kräftig.

Würde man die Pflanzen mit chemischem (Kunst-) Dünger versorgen, würden die Zellen weich und krankheitsanfällig. Auch viele Schädlinge nisten sich in solchen verweichlichten Pflanzen viel eher ein als in den kräftigen, naturnah gezogenen Bäumen.

Keine Frucht kann so aromatisch und zart sein wie eine Birne, sonnengereift und butterweich!

Die tollsten Typen zum Bewundern

Was macht den Garten zum grünen Paradies? Ganz ohne Zweifel sind es die Bäume, Sträucher und die vielen Blumen, die im Jahreslauf das Fleckchen Erde rund ums Haus zu einer Attraktion machen. Von den kleinen **Schneeglöckchen** im Frühjahr bis zum herbstlichen **Farbspektakel**.

Kein Paradies ohne Blüten

Bäume, Sträucher, Rosen und dazu noch Blüten, wohin das Auge reicht! Davon träumen wir Gartenfreunde. Der Duft, der einem entgegenschlägt, wenn man einen Garten betritt, ist schon der erste Schritt zum Verlieben. Und dazu noch das saftige Grün der Blätter und die intensive Farbe der Blüten. Das Herz ist verloren …

Für mich ganz wichtig ist aber in jedem Garten das vielfältige Leben – von den Vögeln, die in den Bäumen ihre Nistkästen haben, über die Bienen, die an den Blüten Honig und Nektar finden, bis hin zum Rascheln des Laubes, in dem sich Eidechsen und Salamander verstecken.

All das zusammen macht für mich das Gartenparadies aus. Freilich: mit den richtigen Pflanzen, denn man will ja rund ums Jahr einen interessanten Garten. Von den ersten zarten Blüten im Frühling über das große Blühen im Mai und Juni mit den Rosen bis hinein in den Herbst, wenn das Laub der Bäume und Sträucher für ein buntes Feuerwerk als Finale sorgt. Ich hab schon Hunderte Gärten gesehen – große und kleine, moderne und romantische – egal wie, sie haben alle eine ganz persönliche Seele, wie ein selbst gemaltes Bild. Und die Farben sind die lebendigen Pflanzen.

Mit offenen Augen auf Pflanzenjagd

Wer einen Garten gestaltet, sollte mit offenen Augen durch die Straßen der Umgebung gehen. Hier sieht man all das, was gut (oder auch nicht gut) wächst. Damit kann man ein erstes Gerüst als Kulisse entwrfen. Die Feinheiten sollten allerdings dann schon die persönliche Handschrift zeigen – eine kleine Blumenwiese, Rosen, die in Bäume klettern, und Gehölze, die man nicht an jeder Straßenecke sieht. Genau das macht dann den individuellen Reiz des Gartens aus. Wichtig bei der Auswahl der Pflanzen ist die Attraktivität rund ums Jahr. Entweder man plant dies nun in allen Details (und vermutlich mithilfe von Experten) oder man behilft sich mit Büchern und entwickelt schrittweise den Bepflanzungsplan.

Zuerst die Bäume und Sträucher, dann die kleine Gehölze, wie Rosen, und später – als »Juwele« – die Stauden, Zwiebelblumen und natürlich auch die Rasenflächen. Aus meiner Erfahrung »wächst« die Begeisterung erst langsam. Daher einen Garten nicht komplett fertig gestalten, sondern immer Raum für Kreativität belassen. Damit passiert das, was alle Experten sagen: Ein Garten ist nie fertig.

Blüten über Blüten – ein Bild wie aus einer anderen Welt. Ramblerrosen wachsen aber überall in den Himmel.

Karl meint:

Einen Garten zu gestalten ist herrlich. Aber man braucht viel **Vorstellungskraft:** Aus kleinen Bäumen werden oft stattliche Riesen!

Frühlingsgefühle im Herbst – Zwiebelblumen

Gartenfreunde sind Vordenker – im wahrsten Sinne des Wortes. Wenn der Spätsommer ins Land zieht, die Ernte eingebracht wird, dann denken sie bereits ans nächste Gartenjahr. Und der nächste Frühling wird bunt! Keine Saison lässt sich so leicht planen wie der Auftakt in ein neues Blumenjahr, denn das Fundament für die Blüten wird Monate davor gelegt. Und die Erfolgsgarantie ist hoch.

Die kleinen Wilden auf dem Vormarsch

Für mich gehören sie zu den absoluten Favoriten im Frühlingsgarten – *Cyclamen coum*, zu Deutsch: das Vorfrühlingsalpenveilchen. Seine zarten Blüten in Rosa und Weiß tauen sogar den letzten Schnee weg, um ans Sonnenlicht zu gelangen. Passt der Standort, dann vermehren sie sich zu dichten Blütenteppichen. Gepflanzt werden die Knollen im Herbst. Zum Beispiel kombiniert mit Schneeglöckchen und Winterlingen. Sie alle vermehren sich von Jahr zu Jahr – das ist bunte Vielfalt und gleichzeitig wenig Mühe.

Mit dazu passen perfekt auch die Krokusse: Als ob ein Maler seine Farben ausgeschüttet hätte, so sollte eine Krokuswiese blühen. Ob die kleinen botanischen Krokusse oder die großen, etwas später blühenden – alle sind in einer Wiese ein toller Blickfang. Gepflanzt wird in »Nestern« mit je 15–20 Stück. Einzige Bedingung, damit das Spektakel von Jahr zu Jahr schöner wird: nicht mähen, bevor das Laub der Zwiebelblumen eingezogen ist. Die Pflanzen benötigen das Laub, um Nährstoffe für das nächste Jahr in den Zwiebeln einzulagern. Der beste Tipp: Beim ersten Mähen weiche ich den »Krokus-Nestern« aus, beim zweiten Mähen stelle ich den Rasenmäher auf die höchste Stufe und erst ab dem dritten oder vierten Mähen wird auf der normalen Stufe IV (etwa vier bis fünf Zentimeter) gemäht. Düngt man den Rasen im Herbst organisch, bekommen die Zwiebeln auch gleich den Dünger.

Die ersten Blüten sind die wichtigsten: Schneeglöckchen sind gemeinsam mit dem Alpenveilchen ein Muss.

Karls Profitipps

Eine wilde Schönheit sind die **Schachbrettblumen,** quasi ein Stück Natur aus Menschenhand – so könnte man eine Schachbrettblumenwiese nennen, die rasch und unkompliziert engelegt ist. Die kleinen Knollen werden in unregelmäßigen Abständen in die Erde gesteckt – gegen Ende April, Anfang Mai öffnen sich dann die dunkelrosa oder reinweißen Blüten. Idealer Standort für die Schmuckstücke ist eine etwas feuchtere Wiese.

Gepflanzt wird so: Mit dem Spaten in die Erde stechen und am Griff nach vor und zurück drücken. Die Knollen dann in den entstandenen Erdschlitz stecken. Ein wenig Kompost oder Blumenerde in die verbliebene Lücke füllen und schon ist die »Natur«-Blumenwiese entstanden.

Karl meint:
Narzissen sind eine **Investition** in die Zukunft: ein Mal gepflanzt, kommen sie Jahr für Jahr wieder

Duftender Blickfang – Narzissen

Sie sind die robustesten unter den Blumenzwiebeln und sie werden vor allem von den Wühlmäusen verschont. Ideale Sorte zum Verwildern in einer Blumenwiese ist 'Thalia'. Die kleinblütige, duftende, weiße Narzisse trägt an einem Blütenstängel zwei bis drei Blüten. Sie wird in Gruppen im Rasen gepflanzt. Sehr schön sieht im Garten auch die beliebteste und meistverkaufte Narzisse aus: 'Tete a tete'. Diese leuchtend gelbe Mininarzisse wird im Frühjahr in großen Mengen in den Gärtnereien im Topf angeboten und kann nach dem Frühlingsgruß in der Wohnung oder am Balkon in den Garten gesetzt werden. Generell gilt: Narzissen bieten viele Variationen – von den Blütenfarben bis zu den Blühzeiten. Kombiniert man sie geschickt im Garten, hat man von Ende Februar bis in den Mai hinein Freude.

Mein Shootingstart – Zierlauch

Der Zierlauch ist unumstritten der Star der letzten Jahre und steht auch sicher weiterhin hoch im Kurs. Besonders schön und robust ist die violette Sorte 'Globemaster' oder die weiße Sorte 'Mount Everest'. Die Zwiebel in Gruppen von drei bis fünf Stück tief genug setzen und gleich im Herbst mit Hornspänen düngen. Vor allem in einer hohen Blumenwiese leuchten die violetten und weißen Blütenköpfe attraktiv zwischen den hohen Gräsern. Mit dem großen Vorteil: Die bei diesen Pflanzen typischen vergilbenden Blätter während der Blüte, sind im hohen Gras nicht zu sehen.

MACH ES SO
Tulpen sind typische Frühlingsboten, aber ein wenig anspruchsvoller. Die Erde sollte gut durchlässig, ja fast sandig sein. Im Staudenbeet machen sich die großen Blüten gut. Damit sie jedes Jahr wiederkommen, ist die Sommertrockenheit besonders wichtig. Nur dann wird die Zwiebel »gebacken« und setzt Blüten fürs nächste Jahr an.

SO NICHT
In Gärten mit vielen Wühlmäusen sollte man die Hände von den Tulpen lassen. Sie sind für diese gefräßigen Tierchen ein Leckerbissen. Gitterkörbe aus Plastik helfen wenig. Wenn, dann aus verzinktem Gittergeflecht (Kleintiergitter) Körbe anfertigen, die aber auch nach oben geschlossen sind.

Zierlauch gehört zu den Trendpflanzen. Die Blütenkugeln kommen bei genug Dünger Jahr für Jahr wieder.

Eine Rosenblüte im Sonnenschein, summende Bienen und dazwischen die Nase des Gärtners: Der Duft lockt alle an.

Karls Profitipps

Drei Buchstaben sind es, die seit einigen Jahren zum Symbol für die »innere Qualität« einer Rose geworden sind: **ADR**, die »Allgemeine Deutsche Rosenprüfung«. Für viele ist das der TÜV der Rosen. In elf Rosengärten in Deutschland werden die Rosen drei Jahre lang auf Herz und Nieren oder besser auf Blüte und Wurzel geprüft. Schwerpunkt: Wie krankheitsresistent ist die Rose? Erreicht sie am Ende der dreijährigen Testphase eine bestimmte Punkteanzahl, dann gibt es die ADR-Auszeichnung. Nur knapp 180 Rosen haben sie derzeit. Manche verlieren sie auch wieder, weil Rosen im Laufe der Zeit ihre Eigenschaften auch wieder verändern können.

Rosen – da beginnen Gartenträume

Rosen sind in der Beliebtheit die absoluten Spitzenreiter. Ist es der Duft, sind es die Blüten – oder die Vielfalt an Wuchsformen? Von allem ein wenig. Und so hält die »Königin unter den Blumen« die unangefochtene Spitzenstellung. Geschätzte 20 000 Sorten soll es weltweit geben. Einen genauen Überblick hat niemand mehr. Aber egal: Jede Rose, die im Garten steht, ist eine Besonderheit.

Wildes und Edles aus aller Welt

Ausgangspunkt aller Rosenzüchtungen waren Wildrosen. Bei uns in Europa zum Beispiel die Hundsrose, die Essigrose oder die Apfelrose. Aus China kamen *Rosa chinensis*, *Rosa multiflora* oder *Rosa gigantea*. Aus Amerika kam zum Beispiel *Rosa virginiana* und schließlich aus dem Mittleren Osten die *Rosa moschata*. Sie alle zusammen – hunderte Male miteinander gekreuzt – haben daraus die große Palette an herrlichen Blüten gemacht, die heute zur Verfügung stehen.

MACH ES SO

Rosen sind robust, aber sie stellen doch einige Ansprüche. Besonders wichtig ist die Bodenvorbereitung. Rosen mögen einen lehmigen Boden. Tiefgründig sollte er sein – dann können die gewaltigen Pfahlwurzeln (bis zu drei Meter lang!) die Nährstoffe und das Wasser, das sie brauchen, mobilisieren. Eingewachsene alte Rosen, müssen deshalb selbst in heißesten Zeiten kaum gegossen werden.

SO NICHT

Torf, Blumenerde aus der Packung und Sand sind für Rosen ein Gräuel. Kurze Zeit können sie damit gut leben, doch nach ein, zwei Jahren gehen sie zugrunde.

Sieben Tipps für schöne Rosen

1. **Rosen an die sonnigste, aber auch luftige Stelle des Gartens setzen.** Rosen im Topf können auch voll blühend gepflanzt werden.
2. **Boden gut lockern** und Kompost, Sand und Hornspäne einarbeiten. Spezielle Rosenerde verwenden, wenn kein Kompost vorhanden ist.
3. **Niemals Rosen setzen, wo Rosen standen!** Mindestens fünf, besser sieben Jahre sollte Pause sein oder man tauscht die Erde großzügig aus.
4. **Auf die Sorte achten:** »ADR« ist eine Zeichen für »innere Qualität« – besonders robust sind Bodendeckerrosen.
5. **Schädlinge sanft bekämpfen:** Läuse mit Schmierseifenwasser abwaschen, bei Blattrollwespen befallene Blätter entfernen. Sterben Triebspitzen ab, ist der Triebbohrer aktiv – bis ins gesunde Holz zurückschneiden.
6. **Krankheiten** (Rosenrost und Sternrußtau) **vorbeugend behandeln:** richtig düngen, Blätter mit Schachtelhalmtee oder anderen stärkenden Substanzen übersprühen. Abgefallene Blätter entfernen.
7. **Richtig schneiden:** Der Hauptschnitt erfolgt im Frühjahr (wenn die Forsythie blüht). Abgeblühtes wird auf das erste voll entwickelte Blatt (erkennt man an seinen fünf Teilblättern) mit Außenauge geschnitten. Alte Rosen und Wildrosen, die nur 1 × blühen, nicht schneiden – die Hagebutten sind die Blüten des Herbstes.

Der Shootingstar unter den Rosen

Englische Rosen sind in den letzten zwanzig Jahren zu den absoluten Shootingstars geworden. Der Züchter: David Austin schaffte es, den Charme der Alten Rosen mit ihren dicht gefüllten Blüten, ihrem betörenden Duft und ihrer Robustheit mit der mehrmaligen Blüte der Edelrosen zu kombinieren. Die gelbe 'Graham Thomas' und die rosa blühende 'Mary Rose' waren die ersten sogenannten Englischen Rosen. An die 400 sind mittlerweile daraus geworden, etwa 150 – so sagen Experten – sind auch für unser Klima hervorragend geeignet und erfreuen mit ihrer Blütenpracht. Man sollte jedoch immer beachten: Sehr viele der Englischen Rosen sind Strauchrosen und benötigen mehr Platz. Erst dann, wenn sie ihre älteren, langen Äste ausbreiten können, entwickeln sich die vielen großen duftenden Blüten. Alle mit dem Charme der Alten Rosen – aber mehrmals blühend. Beim Schneiden eher zurückhaltend sein. Kräftiger Rückschnitt im Frühjahr lässt die Blüte immer schwächer ausfallen.

Karl meint:

Rosen dürfen in keinem Garten fehlen. Sie sind die **duftenden Lustbringer** in unserem Paradies. Die **Vielfalt** an Wuchsformen, ihre **einzigartigen Blüten** und der **Duft** machen sie unwiderstehlich

Edelrosen und Beetrosen

Die großen Einzelblüten auf ihren festen Stielen erinnern fast an Schnittrosen beim Floristen. Sie waren im Garten früher der Inbegriff einer Rose, heute sind sie aber bei Weitem nicht mehr die bedeutendste Gruppe. Sie sollten im Frühjahr zumindest auf die Hälfte zurückgeschnitten werden. Darauf achten, dass vertrocknete Triebe komplett entfernt werden. Immer so schneiden, dass das oberste Auge (also dort, wo sich die neuen Blätter bilden) nach außen zeigt. Damit bleibt der Rosenstock luftig und das Laub trocknet später immer rasch ab, was Pilzkrankheiten verhindert.
Meine Sortentipps: 'Burgund 81' – knallrot, 'Gloria Die' – hellgelb, 'Queen Elisabeth' – rosa, 'Bonica' – rosa.

Historische Rosen und Wildrosen

Sie blühen meist nur einmal, dafür besonders üppig und duften betörend. Ihre großen Blüten bilden sich aber auf Trieben des Vorjahres. Daher nicht zu stark schneiden, sonst ist's mit der Blüte für das kommende Jahr vorbei. Meist tragen diese Rosen im Herbst viele Hagebutten. Dennoch: besonders dünne Äste entfernen und auch hier auf einen Schnitt achten, der Luft in den Rosenbusch lässt.
Meine Favoriten: 'Mme. Pierre Oger' (Beetrose, rosa, duftend), 'Mme. Alfred Carrier' (Kletterrose, weiß).

Karl meint:
Vielfalt ist auch bei den Rosen der **richtige Weg.** Ein Garten mit historischen Rosen allein ist genauso **langweilig** wie einer **ausschließlich** mit **Edelrosen**

Wer bei Rosen zur Schere greift, bekommt als Belohnung viele Blüten. Gilt nicht bei Wild- und Historischen Rosen!

Ohne Englische Rosen geht es nicht

Viele der so beliebten Englischen (oder auch Austin-)Rosen sind Strauchrosen, benötigen also viel Platz im Garten und – behutsamen Schnitt. Die Äste werden jedes Jahr ein wenig zurückgenommen und die ganz alten Triebe komplett entfernt. So verjüngt sich die Rose und bildet viele Blüten.
Meine Favoriten: 'Abraham Darby' (Strauchrose – gelb/rosa), 'Molineux' (Beetrose, sattgelb), 'Charles Austin' (Strauchrose, apricot mit Gelb).

Kletter- und Ramblerrosen

Beginnen wir bei letzteren – sie sind praktisch nicht zu zähmen, wenn man an eine 'Bobbie James' oder eine 'Kiftsgate' denkt. Ihre bis zu 7 Meter langen Triebe, die sie jährlich bilden, erobern jede Baumkrone im Handumdrehen und müssen nicht geschnitten werden. Normale Kletterrosen sollte man auslichten, altes Holz entfernen, aber generell ebenfalls wenig schneiden. Die neu gebildeten langen Triebe bindet man nach unten – je waagrechter sie sind, desto mehr Blüten gibt es.
Meine Favoriten:
Kletterrosen: 'Super Excelsa' – karminrosa, 'New Dawn' – rosa, 'Ghislaine des Féligonde' – lachs-gelb-weiß.
Ramblerrosen: 'Kiftsgate' – weiß (wächst bis zu 10 m im Jahr!), 'Bobbie James' – weiß gefüllt, 'Goldfinch' – hellgelb.

Bodendeckerrosen

Ihre Pflege ist leicht: Überall dort, wo kaum Zeit und viel Fläche ist, passt diese Rosengruppe perfekt. Man schneidet sie einfach mit der Heckenschere – ob elektrisch oder manuell, ist völlig egal. Große Flächen lassen sich sogar mit einem Rasenmäher (!) auf der höchsten Stellung abmähen. Auf Augen oder altes Holz muss man bei diesen wuchskräftigen Pflanzen nicht achten.
In Kombination mit bodendeckenden Stauden, wie Efeu oder Immergrün hat man eine bequeme Dauerbepflanzung.
Mein Sortentipp: 'Heidetraum' – leuchtendes Pink – die Topsorte, 'Innocencia' – strahlendes Weiß mit leichtem Duft.

Welche Rose kommt in meinen Garten? Wichtigstes Kriterium ist der Duft – daher immer Nase bereithalten...

MACH ES SO

Alte Bäume schneiden wir nicht um, sondern machen etwas aus ihnen: Mit Ramblerrosen »geschmückt«, bekommen sie noch einmal einen großen Auftritt. In gut einem dreiviertel Meter Entfernung werden die Rosen gepflanzt. In den ersten drei Jahren werden sie »umsorgt«, bis sie sich eingewurzelt haben: regelmäßig gießen und düngen. Später muss man sich um sie nicht mehr kümmern.

SO NICHT

Ramblerrosen sind absolut ungeeignet für Rosenbögen oder kleinere Bäume. Sie würden mit ihrer Wuchskraft alles unter sich begraben. Starker Rückschnitt bringt auch nichts – dann blühen sie nämlich nicht mehr.

Farbenfrohes Spektakel – Sommerblumen

Der Start im zeitigen Frühjahr ist bei vielen Sommerblumen ein unscheinbarer – als Samenkorn kommen sie in die Töpfe. Dann beginnt die Zeit des Wachstums und ab Juni präsentieren sie sich bereits in voller Blüte, füllen nach und nach die Beete in großer Üppigkeit, ehe sie im Herbst am Kompost landen. Ob Schmuckkörbchen, Tagetes, Kapuzinerkresse oder Petunie – sie alle sind die blühenden Begleiter für einen ganzen Gartensommer.

Same oder Pflanze? – das ist die Frage

Ob der Start mit einem Samenkorn erfolgt oder einige Wochen später mit der blühfertigen Pflanze, die man im Topf im Gartencenter oder in der Gärtnerei kauft, ist ganz klar eine Frage der Brieftasche, der Zeit, die man aufwenden kann und möchte, und des Platzes. Denn eines ist klar: So robust sich die Sommerblüher geben, bis Mitte Mai wollen sie garantiert frostfrei verhätschelt werden. Und da braucht man Gewächshaus, Frühbeet oder wenigstens die Zeit, die Pflanzen immer wieder von draußen nach drinnen zu bringen, wenn's kalt wird.

Einige Sommerblumen werden aber auch rasch zu Stammgästen im Garten: Sie säen sich bereitwillig aus und tauchen in den Jahren danach immer wieder an allen erdenklichen Stellen auf, auch dort, wo man es nie für möglich gehalten hätte. Oft werden die Samen als »Beigabe« mit dem Kompost, auf dem alles Abgeblühte landet, verteilt.

Ein ganzer Sommer voll Blüten!
Sommerblumen gehören zur *Startausrüstung* für Gartenneulinge: viele Blüten – *keine Sorgen*

Aus einem Samenkorn werden rasch stolze Pflanzen, die ab den Eisheiligen im Garten ihre Blütenpracht verbreiten.

Karls Profitipps

Die Saatschalen auf der Fensterbank, gefüllt mit Aussaaterde und den Samen der Sommerblumen: die erste Station einer mehrwöchigen Reise – bis das große Blühen im Gartenbeet beginnt.
Sind die Sämlinge so groß, dass sich neben den Keimblättern (das sind die ersten beiden Blätter) auch andere Blätter zeigen, wird vereinzelt. Entweder gleich in kleine Töpfe oder in sogenannte Multitopfplatten. Wieder wird gegossen und gehegt und, wann immer es geht, im Freien abgehärtet. Letzte Zwischenstation sind Töpfe mit gut 7–10 cm Durchmesser. Die Erde enthält schon einiges an Nährstoffen und die Pflanzen bleiben darin bis zu den Eisheiligen – dann werden sie an den endgültigen Standort im Blumenbeet ausgepflanzt.

Millionen von Sommerblumen werden Jahr für Jahr von den Gärtnern vorgezogen. Beliebteste Sommerblume: die **Ringelblume**

Robust und doch ein wenig heikel

Es sind nur einige wenige Probleme, die den Sommerblumen zu schaffen machen. Und meist sind die fürsorglichen Gartenfreunde selbst schuld, denn eines können diese Einjahresblumen ganz und gar nicht vertragen: Trockenheit. Sehr schnell werden die Blätter dann gelb (wie bei Nährstoffmangel) und Schädlinge machen sich breit: Spinnmilben, Läuse und die Schnecken.
Daher regelmäßig gießen und dennoch keine Staunässe auslösen – denn die ist für diese Pflanzen ebenfalls tödlich.

Wie oft düngen?

Sommerblumen sollten in gut vorbereitete Erde gepflanzt werden, die mit Kompost und Hornspänen vermischt wurde. Organische Dauerdünger kann man (je nach Sorte) einarbeiten. Meist in der zweiten Hälfte des Gartenjahres (so ab Ende Juli) kann man mit wöchentlichen Bio-Flüssigdüngern noch einmal einen Wachstums- und Blühschub auslösen.

Einige Sommerblumen

- **Ringelblumen** *(Calendula)* dürfen in keinem Garten fehlen. Ich säe sie gleich direkt im Freiland – dann mögen sie die Schnecken nämlich nicht so sehr.
- **Schmuckkörbchen** *(Cosmea)* gehören zu den robustesten Sommerblumen, die kaum Feinde haben.
- **Studentenblumen** *(Tagetes)* gehören zu den flottesten und dankbarsten Blühern, allerdings werden sie nicht zu Unrecht »Schneckensalat« genannt…

MACH ES SO

Besonders bequem sind Blumensamen-Mischungen, die von den Saatgutfirmen unter Bezeichnungen wie »Insektenwiese«, »Blütenteppich«, »Sommerblumenwiese« etc. angeboten werden. Dabei handelt es sich fast ausschließlich um einjährige Sommerblumen, die ein herrliches Bild ergeben. Mit echten Blumenwiesen haben sie nichts zu tun, denn nach der Blüte gehen die Pflanzen zugrunde und kommen kein zweites Mal.

SO NICHT

Solche Samenmischungen dürfen nicht einfach in bestehende Wiesen gestreut werden – das funktioniert nicht! Der Boden muss gut vorbereitet und gerade in der ersten Phase gut feucht gehalten werden.

Einmal Ringelblumen, immer Ringelblumen: Ihre orangen Blüten sind attraktiv für Insekten und ein Blickpunkt im Beet.

Gießen gehört dazu – es ist keine Belastung, sondern am Ende eines arbeitsreichen Tages eine Entspannung.

Kein Garten ohne Stauden

»Stauden sind Pflanzen, bei denen meist alle oberirdischen Teile im Winter absterben und die Wurzeln im kommenden Jahr wieder austreiben« – so steht es in den Lehrbüchern und erklärt klar, was sie nicht sind: Johannisbeer-»stauden«, Holunder-»stauden«, wie sie mancherorts genannt werden. Diese Gehölze gehören ganz und gar nicht zu den Stauden – sie überdauern den Winter und treiben im Frühjahr lediglich neue Blätter und natürlich Blüten.
Hingegen sind (Stauden-)Pfingstrose, Rittersporn, Lupine & Co. die typischen Vertreter dieser besonders großen Gruppe an herrlichen Gartenpflanzen. Im Winter ist im Garten von ihnen wenig bis gar nichts zu sehen.

Beete, die ein ganzes Jahr blühen

Die große Kunst der Beetgestaltung mit Stauden kommt aus England. »Mixed borders« werden sie dort genannt und

Karls Profitipps

Wer ein Staudenbeet anlegt, der muss den Boden gut vorbereiten. Zuerst gründlich alle Unkräuter, vor allem die Wurzelunkräuter, entfernen. Wer hier penibel vorgeht, erspart sich später das Jäten! Die Erde tiefgründig (also etwa zwei Spaten tief) lockern und Kompost und eventuell Sand einarbeiten. Als Dauerdünger wählt man Hornspäne oder andere organische Mischdünger.
Beste Zeitpunkte für das Anlegen eines Staudenbeetes sind der Spätsommer und der zeitige Frühling. Vorteil beim Spätsommer: Man kann gleich auch die Blumenzwiebel pflanzen. Außerdem vertragen die Pflanzen jetzt einen Standortwechsel besser als in der Vegetationsperiode und sind bis zum Winter gut eingewurzelt.

verkörpern genau das, von dem wir träumen: Blüten vom zeitigen Frühjahr bis zum Spätherbst, die Farben der Blüten abgestimmt aufeinander, die Wuchsform so gewählt, dass die höheren Stauden weiter hinten im Beet stehen, die niedrigeren davor und dazwischen. Profis passen auch noch die Blattfarben und -formen den umgebenden Pflanzen an. Es gibt Stauden für die pralle Sonne genauso wie für den Schatten, für trockene Bereiche wie für feuchtere Erde.

Stauden wählen und anordnen

Stauden werden meist in kleinen Plastiktöpfen angeboten. Anhand der Etiketten lassen sich Blütenfarbe, Wuchshöhe und Blütezeit feststellen. Nun stellt man die Pflanzen – am besten in 3er-Gruppen – auf die Beete. Nicht zu viele verschiedene Arten wählen, das macht die Gestaltung ruhiger und interessanter. Besonders attraktiv ist es, wenn man ein Staudenbeet links und rechts eines Weges anlegt und »gespiegelt« pflanzt. Solche Spiegelbeete sind der Hit in englischen Gärten.

MACH ES SO

So bunt ein Staudenbeet sein soll, dennoch muss es in der Fülle an Blüten ein wenig Ruhe geben. Daher gilt als Grundregel, zumindest drei bis fünf Stauden einer Sorte zu pflanzen. In einem größeren Beet sollte man auch die Staudengruppen immer wiederkehren lassen. Solche »Wellen« machen ein Beet lebendig, überfordern den Betrachter aber nicht durch zu viel Üppigkeit und Unruhe.

SO NICHT

Oft ist man von der Vielfalt der Staudenarten in der Gärtnerei überwältigt und nimmt von jeder Staude bloß ein Stück, um möglichst viel unterzubringen. Dieses Durcheinander wirkt aber letztlich nicht. Ein Fehler, den auch ich zu Beginn begangen habe.

Wie ein Obelisk steht der Rittersporn im Garten. Düngt man gleich nach der Blüte gibt's im Herbst eine zweite Blüte.

Einige meiner Staudenfavoriten

- **Rittersporn:** Mit seinen blauen und weißen Blütenkerzen ist er im Frühsommer ein Highlight. Manche Sorten blühen nach Rückschnitt im Spätsommer ein zweites Mal.
- **Pfingstrose:** Die Vielfalt ist enorm, ihr Blütenreichtum gewaltig. Gerade in den letzten Jahren eine beliebte Staude geworden.
- **Taglilie:** Keine andere Staude blüht so lange und eindrucksvoll. Im Sommer öffnen sich Tag für Tag Blüten – in leuchtendem Gelb, Orange, Weiß und vielen Mischungen.
- **Phlox:** Alleine mit ihm könnte man mehrere Gärten bepflanzen, so groß ist die Auswahl. Aber Achtung: unbedingt mehltauresistente Sorten wählen. Keine zu heißen Stellen, gut feucht halten.

Nicht vergessen sollte man in Staudenbeeten aber auch Pflanzen, die wegen ihrer Blätter eine Attraktion sind: Herzlilien (Hosta), Gräser und viele bodendeckende Pflanzen.

Taglilien blühen viele Wochen – aber jeden Tag mit einer neuen Blüte. Der Name verrät ihre Wuchseigenschaften.

Der neue Trend: Präriegärten

Besucht man Gartenschauen und blättert man in aktuellen Fachzeitschriften, dann zeigt sich seit einigen Jahren ein großer Trend: Präriegärten. Oft wird der Begriff unterschiedlich interpretiert, doch eines ist klar. Es geht um die scheinbar naturnahe, ungezwungene Bepflanzung. Gräser stehen in solchen Beeten (oft auch ganzen Gartenarealen) im Vordergrund. Mit dabei auch immer im Frühjahr viele Zwiebelblumen und natürlich Sommerblumen, die sich weitgehend selbst aussäen und »herumwandern«.

Gerade in Gegenden mit wenig Niederschlag haben sich solche Beete – Stichwort: »Kiesgärten« – als sehr robust und pflegeleicht erwiesen. Wer es besonders einfach haben will, wählt Stauden und Einjährige, die gegen Ende des Sommers abgemäht werden können. Das Schnittgut bleibt vorerst liegen, muss vor Ort abtrocknen und mehrmals gewendet werden. Die ausfallenden Samen und die in der Erde verbleibenden Wurzelstöcke sind dann das Kapital für die Blüte im kommenden Jahr. Solche Flächen werden kaum gedüngt, daher kommt es zu keinem übermäßigen Wachstum, sondern die Pflanzen bleiben gedrungen und witterungsstabil. Wiegende Blüten im Wind mit vielen Schmetterlingen und Bienen – der Traum eines Naturgartens.

Und wer auch im Winter Struktur im Garten will, der lässt die Pflanzen stehen: Raureif und der erste zarte Schnee schmücken Stängel und Samenstände. Im zeitigen Frühjahr wird dann gemäht.

Karl meint:

Ein Garten mit **Stauden** ist ein Garten für **intelligente Faule.** Damit hat schon der große Staudengärtner **Karl Foerster** für diese Pflanzen geworben. Daran hat sich in 100 Jahren **nichts geändert**

MACH ES SO

Die »dritte Dimension« ist im Staudenbeet besonders wichtig. Daher sollte man unbedingt auch Kletterpflanzen einplanen. Ideal sind dafür: Clematis (frühlings-, sommer- und herbstblühende), das Geißblatt (»Jelängerjelieber«) oder die weniger bekannte Akebia mit ihrem herrlichen Duft.

SO NICHT

Clematis muss man richtig schneiden: Frühjahrsblühende Clematis dürfen nie im Herbst geschnitten werden – sonst gibt es keine Blüten. Herbstblühende dagegen werden bodeneben abgeschnitten. Sommerblühende zur Hälfte abschneiden.

Karls Profitipps

Staudenbeete lassen sich perfekt mit kleinen und größeren Gehölzen kombinieren. Sehr oft werden als Hintergrund immergrüne Sträucher, wie Eiben, gepflanzt. Sehr attraktiv sehen aber Blütengehölze aus. Den Auftakt im Blütenreigen machen im Frühjahr die Palmkätzchen und Mandelbäumchen. Später kommen dann zum Beispiel Flieder, Jasmin, Zierkirschen und Sommerflieder. Das Finale sind dann Gehölze mit einer besonders schönen Herbstfärbung, wie zum Beispiel die Japanischen Ahorne. Sie geben einem Beet den passenden Rahmen.
Säulenförmige Gehölze können ergänzend zu Obelisken ein Beet auflockern.

Eine kleine Holzpyramide mit einer Clematis, ein Spalier als Hintergrund mit Hopfen – damit kommt Höhe ins Beet.

Da wachsen Bäume in den Himmel

Birken sind herrlich – aber im Hausgarten? Die Bäume werden rasch zu groß und verlieren Samen, Laub und Äste. Das macht viel Mühe und verärgert oft die Nachbarn.

Da ein wenig Rasen, dort ein paar Blumen – und nach oben? Gehölze gehören einfach dazu. Sie sind die dritte Dimension, aber müssen sorgfältig ausgewählt werden, denn so mancher Gartenneuling erlebt nach Jahren die unliebsame Überraschung: Schnell im Vorbeigehen in einem Supermarkt gekauft – diese Bäume wachsen oft in den Himmel und sorgen für unliebsame Mehrarbeit und Stress mit den Nachbarn..

Finger weg von Platanen

Der Gedanke an die herrlichen südfranzösischen Städte mit ihren mächtigen Platanenalleen ist ein Traum. Doch im Reihenhausgarten? Ein Paar, das sich in Avignon verliebt hat (unter einer Platane?), wollte meinen Ratschlag, welche Platane in ihren 300 m² großen Garten am besten passe… Die Antwort war klar und deutlich – keine!

Die 7 besten Hecken für den Garten

1. **Hainbuche** – preisgünstig, naturnah und extrem leicht zu pflegen. Geschnitten wird im Sommer. Das trockene Laub bleibt bis zum Frühjahr auf den Ästen. Sie kann kräftig zurückgeschnitten werden, denn sie treibt auch aus den dicken Ästen problemlos aus.
2. **Rotbuche** – ist wie die Hainbuche eine perfekte Hecke, hat allerdings glänzende Blätter und wirkt edler.
3. **Eibe** – die absolut beste Heckenpflanze. Allerdings wächst sie langsam und ist damit sehr teuer. Beste Sorte ist die heimische Eibe *Taxus baccata* mit waagrechten Ästen. Sie ist giftig (wie die Thuja), kann aber in jeder Form geschnitten werden – auch im hohen Alter, denn sie treibt auch aus altem Holz aus.
4. **Liguster** – eine sehr populäre Heckenpflanze, die es ebenso wintergrün gibt. Auch sie ist giftig und genauso wie Eibe und Buche extrem gut zu schneiden. Lässt sich »auf den Stock« setzen und treibt wieder aus.

5. **Wildsträucherhecke** – ungeschnitten. Sie ist mein Favorit, allerdings nur dann, wenn genügend Platz besteht. Zumindest zwei bis drei Meter nimmt sie in der Breite ein, bietet aber ein Refugium für Hunderte Vögel und Insekten. Mit dabei: Kornelkirsche, Schlehe, Traubenkirsche, Haselnuss, Eibe, Wilder Flieder u.v.a. Kann nach Jahren ebenfalls »auf den Stock« gesetzt werden – also auf 20 cm abgeschnitten und damit verjüngt werden.
6. **Blütensträucherhecke** – ungeschnitten. In mittelgroßen Gärten eine tolle Alternative zu den »Wilden«. Jasmin, Kolkwitzie, Flieder, aber auch Strauchrosen finden darin Platz. Sie wird immer nur ausgelichtet und blüht viele Wochen lang.
7. **Thuja** – wollte ich gar nicht erwähnen, obwohl einige wenige sie noch pflanzen. Die Freude währt nur einige Jahre, denn sie lässt sich nicht verjüngen und ist nach 30 Jahren mehr oder weniger am Ende. Im Übrigen sind kaum Vögel in ihr zu finden. Nahrung gibt's für keine Nützlinge.

Geflochtene Hecken aus Weiden

Mit der Korbweide lässt sich eine der kreativsten Hecken gestalten. Die langen Triebe werden in 20 cm tiefen Gräben gepflanzt, gut gewässert und danach verflochten – nach Lust und Laune. Alljährlich im Frühjahr die überstehenden Äste abschneiden und so die Hecke kompakt halten.

Karl meint:

Die **wahre Freude** an Hecken bleibt nur dann lange aufrecht, wenn sie auch noch nach einigen Jahren **pflegeleicht** und **attraktiv** sind. Beim Kauf sehen fast alle Hecken perfekt aus

Karls Profitipps

Aus den Tausenden Gehölzen, die angeboten werden, die richtigen zu finden, ist gar nicht so leicht. Die nachfolgenden Seiten werden helfen. Doch noch etwas gebe ich jedem mit, der einen Garten bepflanzt: Andere Gärten besuchen – wenn geht, in der Umgebung, denn dann ist das Klima ähnlich. Botanische Gärten ansehen – dort findet man auch das Außergewöhnliche. Und vor allem: In Baumschulen und ausgewählten Gartencentern auf die große Erfahrung der Experten vertrauen.

Nicht jedes Super-Sonderangebot macht sich bezahlt, wenn alle paar Jahre die Hebebühne mit der Kettensäge kommen muss!

MACH ES SO

Bei der Auswahl eines Baumes sollte man von jener Größe ausgehen, die er etwa nach 15 Jahren erreichen wird. Das bedeutet: Bei der Pflanzung ausreichend Abstand zu Haus, Straße und Nachbargrundstücken einhalten. Das erspart Ärger und vor allem auch viel Arbeit (mit dem Reinigen der eigenen Dachrinnen).

Bei Sträuchern kann man dichter pflanzen und dann nach und nach entfernen. Damit gibt es gleich zu Beginn eine tolle Wirkung.

SO NICHT

Die oft gehörte Meinung, dass ein Baum in schlechter Erde auch langsamer wachse, ist falsch – meist startet er nach einer Durststrecke von drei, vier Jahren durch.

Die Blütenreichsten

Es ist wahrscheinlich der Hauptgrund, warum wir uns die eine oder andere Pflanze in den Garten holen: ihre Blüten. Unter den Zigtausenden Bäumen und Sträuchern gibt es aber einige, die einen besonders attraktiven Blütenschmuck aufweisen – direkt aus dem Stamm, mit einem Erdbeerduft – oder mit Blüten, lange bevor das Laub kommt.

Erdbeerduft vom Strauch

Alleine das Vorbeigehen lässt einem das Wasser im Mund zusammenlaufen. *Philadelphus* 'Silberregen' täuscht: Er sieht aus wie ein Pfeifenstrauch, blüht wie ein Pfeifenstrauch – duftet aber nach Walderdbeeren. Und das ganz intensiv. An den Standort stellt der **Erdbeer-Jasmin** wenig Ansprüche und er bleibt auch kompakt. Also ist er ideal für kleine Gärten.

Auf Blüten folgt Fruchtgenuss

Die **Felsenbirne** gehört zu den wertvollsten Wildgehölzen, denn sie blüht zeitig und liefert den Insekten Nahrung. *Amelanchier lamarckii* 'Ballerina' ist aber durch die großen »Nasch«-Früchte besonders beliebt. Sie können roh oder getrocknet (daher manchmal auch die Bezeichnung »Rosinenbaum«) gegessen werden.
Genuss und Zierde verbindet auch der **Dirndlstrauch** (*Cornus mas* 'Jolico'). Er ist immer der Erste: bei der Blüte und beim Fruchtgenuss. Absolut anspruchslos, lässt er sich problemlos schneiden, wenn er zu groß wird. Passt aber hervorragend, so wie die Felsenbirne, in eine Wildsträucherhecke oder ein »wildes Eck« mit den unterschiedlichsten Wildgehölzen.

Blühende Raritäten

Oft steht sie in den Katalogen als »empfindlich« und »nur bedingt winterhart«, sie ist aber viel robuster, als man denkt: *Abelia grandiflora* – da und dort unter dem treffenden Namen **Tausendblütenstrauch** zu finden. Sie wächst im Topf (bei geschützter Überwinterung) genauso wie in leicht saurem Boden im Freiland. Blüte von Juni bis September! Nicht alltäglich ist auch der **Liebesperlenstrauch** (*Callicarpa dichotoma* 'Issai'), die »Schönfrucht«, wie sie auch genannt wird. Die Blüten sind zart, dafür ist der kräftig violette Fruchtschmuck ab September bis in den Winter hinein eine Augenweide.

Blütenschmuck von März bis Oktober

'Vinorosso' ist eine Hibiskus-Sorte, die Ihresgleichen sucht. Der **Gartenhibiskus** (auch »Garten-Eibisch« genannt) ist insgesamt schon eine interessante Pflanze, da er zu Zeiten blüht, die wenig zu bieten hat – ab Ende Juli bis in den Oktober hinein. Diese Sorte ist besonders blühwillig, bildet zahlreiche, große rosa-violette Blüten aus und wächst am liebsten auf einem durchlässigen Boden. Es reicht, beim Setzen viel Sand ins Pflanzloch zu mischen.
Kein Frühling ohne **Forsythie** und **Magnolie** – oder? Und doch sind viele enttäuscht, weil sie die »Falschen« gewählt haben: *Forsythia intermedia* 'Lynwood' ist – so sagen es die Experten – seit 50 Jahren wohl die beste Sorte, die es gibt. Wichtig beim »Osterstrauch« oder »Goldglöckchen« ist der regelmäßige Rückschnitt: Alte Äste bodeneben herausschneiden, dann bleibt der Stauch buschig.
Bei den Magnolien ist die Sorte *Magnolia stellata* 'Royal Star' eine der schönsten – jedenfalls was jene betrifft, die zeitig blühen und nicht zu groß werden. Reinweiße Blüten schmücken den Strauch im März.

> **Karl meint:**
> Gehölze sind dann für den Garten besonders interessant, wenn sie **Blüten** und **köstliche Früchte** bieten. Und wenn schon nicht zum Vernaschen – dann sollen die Früchte dekorativ sein

MACH ES SO

Der »Judasbaum« mit seinen Tausenden Blüten zum Teil direkt am Stamm, noch vor dem Laubaustrieb, hat mich gereizt: *Cercis chinensis* 'Avondale' ist eine der robustesten Sorten. Dieser **chinesische Judasbaum** ist perfekt frostfest, liebt humose, nahrhafte Böden und blüht garantiert jedes Jahr.

SO NICHT

Cercis siliquastrum – der **südländische Judasbaum** – steht bei mir im Garten. Blüht brav, aber leidet. Er liebt nämlich die Trockenheit und sandige, kiesige, gut durchlässige Böden. Und das gibt es bei uns fast nicht. In 20 Jahren lernt man dazu.

Karls Profitipps

In einem Garten sollte es ja IMMER blühen. Das funktioniert auch, wenn man richtig wählt. Ein paar Favoriten von mir. Da ist der **Zierapfel** *(Malus* 'Adirondak') mit seinen zuerst zartrosa und später strahlend weißen Blüten (im Mai) und seinen leuchtend orangeroten Äpfelchen im Herbst. Oder – für etwas größere Gärten – der **Blauglockenbaum** *(Paulownia tomentosa* 'Hulsdonk'), der schon als ganz junger Baum blüht und ohne ein einziges Blatt voll mit den blauen Blütenkerzen dasteht.
Und zum Abschluss eine herbstliche Blüte: Die **Bartblume** *(Caryopteris* 'Blauer Spatz') ist ein Blickpunkt im September – auch für Insekten.

Ein Zierapfel ist im Garten immer attraktiv. Zuerst die üppigen Blüten, dann das Laub und im Herbst die Früchte.

Die TOLLSTEN TYPEN ZUM BEWUNDERN

Als ob ein Florist die Tulpen in den Baum gebunden hätte, ein *Liriodendron tulipifera* – ein Tulpenbaum – ist ein besonderes Gehölz. Unbedingt schlanke Form wählen.

Die Schlanksten

Die Gärten werden immer kleiner. Dennoch muss man aber auf die Vielfalt an Gehölzen nicht verzichten. Viele Pflanzen »wachsen zwar in den Himmel«, aber dank der schlanken Wuchsform wenig in die Breite. So manches Gehölz, das man kennt, gibt es in dieser ranken, schlanken Form – bereit, auch kleinste Gärten zu bereichern.

Der schlanke Ahorn

»Columnare«, so liest man oft bei den Sortennamen, bedeutet »säulenförmig«. Der **Säulen-Spitzahorn** (*Acer platanoides* 'Columnare') ist einer der idealen Hausbäume, wo wenig Platz ist. Er wird gern als Alleebaum in Städten verwendet und zeichnet sich durch eine leuchtende Herbstfärbung aus. Ähnlich im Wuchs ist auch die **Säulen-Hainbuche** (*Carpinus betulus* 'Lucas') und 'Dams' – sie ist besonders streng aufrecht wachsend und besonders tolerant – wächst sonnig und schattig, in mäßig trockenen Böden genauso, wie in feuchteren.

Eine ranke Felsenbirne

Als Naturgärtner wird man immer wieder von der Felsenbirne hören. Die Sorte *Amelanchier alnifolia* 'Obelisk' passt in jeden Garten. An ihren streng aufrechten Trieben erscheinen im Mai die zart duftenden Blüten, später kommen die fast purpurschwarzen Früchte. Ein Leckerbissen für viele Vögel – und, wenn man schneller ist, für eine Marmelade.

Karl meint:

Ehe man **Bäume auswählt,** sollten Fachleuten die Standorte begutachten. So gibt's keine Überraschungen

Von Tulpen- und Lebkuchenbäumen

Die Namen der Gehölze überraschen manchmal. Ein Tulpenbaum? Der hat freilich ganz und gar nichts mit den Tulpen zu tun, allerdings sind seine Blüten ähnlich den Frühlingsboten. Er blüht Ende Mai, Anfang Juni und wird, wenn man die nicht schlanke Form wählt, riesig. Doch der **Tulpenbaum 'Arnold'** (*Liriodendron tulipifera*) ist ein idealer Blickpunkt auch in einem kleineren Garten. Seine Blätter erinnern an Platanen (mit denen er oft verwechselt wird), die Blüten sind orangegelb. Er wird bis zu 10 Meter hoch, aber nur gut zwei Meter im Durchmesser.

Ebenfalls eine Besonderheit stellt der **Lebkuchenbaum 'Rotfuchs'** dar. Er hat das ganze Jahr über rote Blätter und ebenfalls einen schlanken Wuchs. Die Besonderheit bleibt auch bei dieser Säulenform der Lebkuchenduft nach dem Laubfall im Herbst.

Interessante schlanke Gehölze

1. **Blumeneschen** – *Fraxinus ornus* 'Obelisk' – blüht reich und ist damit auch für den kleinen Garten geeignet. Sehr widerstandsfähig – der Stamm sollte in den ersten Jahren mit Jute geschützt werden (Frostrisse!).
2. Der **Säulenblasenbaum** – *Koelreuteria paniculata* 'Fastigiata' ist ein besonder genügsamer Geselle. Karge, gut durchlässige Böden mag er, genauso wie Hitze. Hat herrlichen gelben Austrieb, gelbe Blütenrispen und orange Herbstfärbung.
3. Der **Goldregen** (*Laburnum alpinum* 'Columnare') gehört unbedingt in den Garten (auch wenn er giftig ist): Fantastische strahlend gelbe Blüten, bei einem Platzbedarf von nur einem Meter in der Breite. Wird bis zu vier Meter hoch.
4. Der schlanke **Zierapfel** (*Malus* 'Red Obelisk') ist die Antwort auf die vielen kleinen Gärten, die auf diese tollen Apfelbäume nicht verzichten wollen.
5. Nur noch für größere Gärten, aber doch viel schlanker, als die Urform: *Quercus robur* 'Fastigiata'. Die **Säuleneiche** ist ein typischer Begleitbaum einer langen Zufahrt. Wird ziemlich groß, aber ist extrem robust.

Karls Profitipps

Eine besonders in Naturgärten beliebte Art ist die Eberesche. Sie schmückt sich im Frühjahr mit Blüten, die intensiv von Insekten besucht werden, und ist später über und über mit roten Früchten behängt. Die **Säulen-Eberesche** (*Sorbus aucuparia* 'Fastigiata') ist ein relativ klein bleibendes Gehölz, das kaum mehr als vier Meter hoch wird und in der Breite zwei Meter nicht überragt. Blüte und Frucht sind so wie bei der ursprünglichen Form.

Ein wenig mehr Platz vorhanden? Die Ebereschen-Sorte *Sorbus aucuparia* 'Sheerwater Seedling' ist zu Beginn schlank, wird später dann breit oval, bleibt aber locker im Wuchs.

MACH ES SO

Säulenförmig kann auch langweilig werden – wie wäre es mit einem Zierapfel in Hängeform. *Malus domestica* 'Red Jade' wächst mit seinen zierlichen Trieben leicht überhängend. Der **Hängezierapfel** blüht im Frühjahr überreich und schmückt sich im Herbst mit tiefroten Äpfeln, die bis in den Winter hinein am Baum bleiben.

SO NICHT

Der Vorsatz »den Baum halte ich durch Schnitt kompakt« geht irgendwann verloren. Ein Zierapfelbaum (bis sechs Meter hoch) entgleitet irgendwann einmal und macht dann in einem kleinen Garten keinen Spaß. Die richtige, klein bleibende Sorte ist da die passende Antwort.

Die Flottesten

Im Frühjahr pflanzen, im Sommer im Schatten des Baumes liegen – davon träumen oft die Gartenfreunde, die mit dem Gärtnern neu beginnen. Manche vertrauen dann Freunden, die einige »besonders rasch« wachsende Bäume kennen: Trauerweide, Pappel, Birke und Erlen… Doch bald heißt es dann: »Die Geister, die ich rief…« – und die Schere läuft heiß!

Flotte, aber zahme Gehölze

Bleiben wir zunächst bei den Wildgehölzen, die mir als Naturgärtner ein großes Anliegen sind, weil sie nicht nur schön sind, sondern auch vielen Tieren Nahrung bieten. Aber nicht nur diesen: Denken wir an den **Holunder** *(Sambucus nigra)*. Die Sorte 'Haschberg' ist die beste Fruchtsorte. Sie lässt sich (bei jährlichem Schnitt) auch einigermaßen kompakt halten.

> ### Karls Profitipps
> Gerade beim Holunder sind in den letzten Jahren viele Sorten in den Handel gekommen, die auch eine eindrucksvolle Zierfunktion haben. Der dunkellaubige (und sehr pflegeleichte) *Sambucus nigra* 'Black Lace' gehört da unbedingt dazu. Er sieht, gepflanzt am Rande eines Staudenbeetes, fast aus wie ein Japanischer Ahorn.
> Es gibt aber auch gelblaubige Sorten und solche, die panaschierte Blätter (grün-weiß) aufweisen. Sie alle blühen und tragen auch Früchte. Allerdings ist der Ertrag bei diesen Zierformen gering und der Dekowert steht im Vordergrund. Beim Standort gibt's wenige Ansprüche.

Der Holunder ist eine Bereicherung für jeden Garten: zuerst duftende Blüten, im Herbst köstliche Beeren.

> **MACH ES SO**
>
> Flott wachsend muss nicht langweilig heißen, denn es gibt Gehölze, die rasch wachsen und auch durch die Laubfärbung interessant sind. *Physocarpus opulifolius* 'Diabolo' – mit dem nicht weniger komplizierten deutschen Namen **Dunkelrote Blasenspiere**, ist so ein attraktives, buntlaubiges, flottes Gehölz.
>
> **SO NICHT**
>
> Manche Gehölze wachsen enorm schnell – wie zum Beispiel der Japanische Knöterich. Er legt in einem Jahr bis zu drei Meter zu – ist allerdings das ärgste Unkraut, das es gibt. In der freien Natur eine Katastrophe – also Hände weg davon.

Fünf flotte, große Gehölze

1. Am Rande eines Teiches sieht eine Weide besonders attraktiv aus. Als **Kopfweide** kann *Salix alba* (auch Korbweide genannt) gezogen werden. Alljährlich die obersten Triebe zurückschneiden. Wächst gewaltig.
2. Guten Sichtschutz bietet in großen Gärten jeder **Ahorn**. Ob **Spitzahorn** *(Acer campestre)* oder **Feldahorn** *(Acer platanoides)* – alle wachsen zu stattlichen Bäumen mit schöner Herbstfärbung.
3. Auch **Linden** können wunderschöne Bäume in (großen) Gärten oder – am Rande als Sicht- und Lärmschutz gepflanzt – ein attraktives Gehölz sein: **Winterlinde**, **Sommerlinde**, **Kaiserlinde** – alles herrliche Bäume, wenn sie alt sind. Doch die Art *Tilia* sp. hat noch etwas: duftende Blüten.
4. **Eichen** sind ebenso rasch wie gewaltig wachsende Gehölze. Aus der Vielzahl der Sorten ist die etwas zurückhaltendere **Japanische Kaisereiche** zu nennen. Die Sorte *Quercus dentata* 'Pinnatifida' hat tief geschlitztes Laub, das im Herbst lange an den Zweigen bleibt.
5. Ein Favorit von mir ist die **Blutpflaume**, die ebenfalls sehr schnell wächst und etwa vier bis fünf Meter hoch wird. Das dunkle Laub von *Prunus cerasifera* 'Nigra' ist der eine Schmuck, die herrlichen Blüten im Frühjahr der andere. Die kleinen Steinfrüchte der Kirschpflaume kann man essen, sie sind auch für Vögel interessant.

Karl meint:

Große Gärten brauchen große Bäume – sie gestalten die Kulisse. Wer es finanziell bewerkstelligt, der sollte gleich größere Bäume setzen. Damit schafft man rasch Schatten und macht den Garten »wohnenswert«

Diese Gehölze lassen uns nicht hängen

Viele Bäume und Sträucher, die schnell wachsen, gibt es auch in einer Hängeform. Interessant als Schattenspender ist zum Beispiel die **Trauerulme** (Hängeulme, *Ulmus glabra* 'Pendula'). Wie bei einem Sonnenschirm breiten sich die Äste aus, die beliebig geschnitten werden können.
Ein uralter Parkbaum ist die Trauer- oder **Hängebuche** (*Fagus sylvatica* 'Pendula'). Sie hat nur einen Wunsch: in den ersten Jahren nicht zu nass. Daher den Boden großflächig gut lockern und mit Sand und Kompost versorgen. Keine Bäume für einen Hausgarten sind die an sich so romantischen **Trauerweiden** (*Salix babylonica*). Sie wachsen nicht nur extrem schnell, sie werden auch riesig groß und können bei ständigem Schnitt kaum im Zaum gehalten werden. Die Falllaubmengen, die im Herbst »entsorgt« werden müssen, sind enorm.

Die Immergrünen

Damit Gärten auch im Spätherbst und Winter interessant aussehen, wählt man bei den Gehölzen nicht nur nach dem Wuchs, den Ästen, der Rinde, sondern vor allem auch nach dem immergrünen Laub aus. Immergrün heißt also nicht immer gleich: Nadelgehölz. Die sind auch interessant, aber lebendiger wirkt ein Garten mit Laubgehölzen. Und da gibt es mehr Immergrüne, als man denkt.

Die immergrünen Klassiker

Auch wenn er in den letzten Jahren durch Buchsbaumpilz und Buchsbaumzünsler ziemlich in Verruf geraten ist, er ist und bleibt ein herrlicher immergrüner Gartenbewohner: *Buxus sempervirens* 'Graham Blandy'. Dieser **Buchs** wächst säulenförmig und ist damit auch für schlankste Hecken geeignet. Sein tiefgrünes Laub muss freilich auf Pilz und Zünsler von Zeit zu Zeit untersucht werden. Wenig Platz benötigt auch ein **Kirschlorbeer**, der gerade in den letzten Jahren zur großen Trendpflanze wurde: *Prunus laurocerasus* 'Genolie'. Man kann damit ebenfalls sehr schlanke Hecken gestalten. Wintersonne und Trockenheit setzen ihm aber sehr zu. Daher gut eingießen und mulchen.

Besonders robust und der Shootingstar ist zurzeit die **Eibe**. Ob **Säuleneibe** *Taxus media* 'Hicksii' oder die heimische Form *Taxus baccata* – die Eibe ist das robusteste Gehölz, das es gibt. Eiben können kräftig geschnitten werden und treiben immer aus dem alten Holz aus. Einziger Nachteil: Sie sind giftig!

Kaum bekannt und immer grün

Der **Traubendorn** oder **Dichterlorbeer** ist eine weitgehend unbekannte Pflanze, die sich aber dank ihrer Robustheit hervorragend als Immergrüner Lückenfüller eignet. *Danae racemosa* wird nur 40 bis maximal 100 cm hoch, kann gut geschnitten werden und schmückt sich mit roten Beeren.

Der Kirschlorbeer hat nicht nur dunkelgrünes Laub, sondern blüht auch attraktiv! Daher nicht zu früh schneiden.

Karls Profitipps

Ich kann mich noch gut an die 1960er- und 1970er-Jahre erinnern: da war **»Sauberkeit« im Garten** die oberste Prämisse. Laub war verpönt und so entstanden Koniferen-Monokulturen in einem schier unendlichen Ausmaß. Immergrüne Bodendecker an den Terrassenböschungen, Thujenhecken als Grundstückseinfassung und Blautannen als Hausbäume. Mittlerweile gibt es ein gewaltiges Umdenken: »Tote« Koniferen-Gärten werden mit Frucht- und Laubgehölzen wiederbelebt. Und plötzlich tauchen Vögel auf und das Konzert am Morgen belohnt für die Mühe des Abholzens. Nicht dass Nadelgehölze »schlecht« sind, es kommt – wie immer im Leben – auf die Mischung an. Einige Solitärsträucher und Bäume dürfen ohne Weiteres »Nadeln« zeigen.

Immergrüne Gehölze haben ihre Berechtigung – aber nicht überall. **Vielfalt** ist das Geheimnis für lebendige Gärten

Der **Chinesische Scheinlorbeer** *(Daphnyphyllum macropodum)* mit seinen blaugrünen, lorbeerähnlichen Blättern ist ein interessanter Strauch an geschützter Stelle: weiße Traubenblüten im Juni und blaubereifte kugelige Früchte im Herbst.

Ein Hauch Süden

Die **Immergrüne Magnolie** gehört im Süden zum lieb gewordenen Begleiter: dunkelgrün glänzende Blätter, die wie bei einem Gummibaum aussehen, und gewaltige große weiße Blüten. *Magnolia grandiflora* 'François Treyve' ist aber an geschützten Plätzen bei uns problemlos winterhart und ein eindrucksvolles Gehölz. Der Boden sollte ein wenig sauer sein – dann geht es ihr noch besser. Wird nach zehn Jahren etwa drei Meter hoch.

Eine Pflanze, die bei uns viel winterhärter ist, als man denkt, und mit einem leichten Winterschutz problemlos überlebt (so es nicht −30 °C bekommt), ist *Aucuba japonica* 'Variegata'. Interessanter Begleiter von Lavendelheide an einem halbschattigen Platz. Der deutsche Namen ist interessant: **Metzgerpalme** lässt den Schluss zu, dass diese Pflanze oft beim Fleischer als Topfpflanze im Schaufenster stand – Pflege benötigt sie nämlich kaum.

Eine interessante Pflanze ist der **Immergrüne Schneeball** *(Viburnum rhytidophyllum)*. Er hat lanzettförmige Blätter, im Mai/Juni große Doldenblüten und im Herbst zunächst rote, später schwarze Steinfrüchte. Ist es sehr kalt, verliert er das Laub, doch er wächst im Frühjahr rasch wieder und treibt dann neu aus.

MACH ES SO

Rhododendren zählen sicherlich zu den begehrtesten »immergrünen« Gehölzen, denn ihre Blütenpracht im Mai ist unübertroffen. Damit diese auch Jahr für Jahr wiederkehrt, sind am wichtigsten die Bodenvorbereitung (mit Rhododendrenerde und/oder Lauberdenkompost) und das konsequente Düngen (März + Juni). Immer gut feucht halten – vor allem im Spätherbst. Zu Beginn die Samenstände nach der Blüte ausbrechen.

SO NICHT

Pralle Wintersonne ist für fast alle Immergrünen ein großes Problem, ja sogar manchmal der Tod. Die Pflanzen erfrieren oft nicht, sondern vertrocknen. Daher so pflanzen, dass im Winter kaum Sonne zu den Pflanzen kommt.

Halbschattig gepflanzt, fühlen sich Rhododendren wohl. Als Substrat Lauberdenkompost verwenden – keinen Torf!

Die Zwergigen

Es ist einerseits der mangelnde Platz, andererseits aber auch die Sehnsucht nach einer großen Vielfalt: Und so ist es sowohl für große als auch für kleine Gärten interessant, klein bleibende Gehölze zu wählen. Denn fast von jeder Art gibt es auch eine Form, die beinahe ein natürlicher »Bonsai« ist.

Klein, aber oho

Wer an Forsythie denkt, der hat einen großen blühenden Strauch vor Augen. So groß, dass er rasch wieder aus den Gedanken kommt. Dabei gibt es auch eine Mini-Ausgabe des Osterstrauchs: *Forsythia* 'Melee d'Or', die **Zwergforsythie.** Sie hat alles, was ihre großen Schwestern haben: Jahr für Jahr strahlend gelbe Blüten und saftig grünes Laub, und das alles bei einer maximalen Höhe von einem (!) Meter. Ideal als Gehölz an Böschungen oder für die Bepflanzung von Trögen und als Wegbegleitung. Einzige Schnittmaßnahme: von Zeit zu Zeit ganz alte Äste bodeneben herausschneiden, damit das Gehölz nicht vergreist.
Überraschend klein bleibt auch eine wunderschöne Sorte des **Zwerg-Schmetterlingflieders.** *Buddleja davidii* 'White Ball' wächst kompakt und wird maximal eineinhalb Meter hoch und etwa ebenso breit. Alljährlich im Frühjahr wird er kräftig (auf ein Drittel) zurückgeschnitten. Er schmückt sich im Sommer mit zahlreichen überhängenden weißen Blüten. Besonders an trockenen, nährstoffarmen, vollsonnigen Standorten fühlt er sich wohl.

Ein Miniapfel als blühende Attraktion

Malus sargentii 'Tina' ist ein **Mini-Apfelbaum,** der nach Jahren erst die Höhe von maximal einem Meter erreicht. Er wächst kompakt, kann aber problemlos geschnitten werden und schmückt sich im Frühjahr über und über mit weißen Blüten. Im Herbst ist er voll erbsengroßer blutroter Äpfel. Ebenfalls einzigartig ist die **Zwerg-Kastanie** (*Aesculus pavia* 'Humilis'). Der Strauch wird etwa zwei Meter hoch und ebenso breit. Im Frühjahr trägt er rote Blütenkerzen, im Herbst gibt es Früchte, die allerdings nicht so interessant sind. Für kleine Gärten ein Blickpunkt.

Stacheliger Bodendecker

Überall dort, wo man keinen Ärger mehr mit Unkraut und mit »illegalen Einwanderern« haben will, lässt sich mit der immergrünen **Zwerg-Berberitze** (*Berberis candidula*) ein gut ein Meter hoher und ganz dichter (stacheliger) Bewuchs erzielen. Als Flächendecker, der kaum Pflege benötigt, ist er ideal. Im Frühjahr trägt sie gelbe Blüten. Die »rote Schwester«: *Berberis thunb.* 'Atropurpurea Nana' – die **Zwerg-Blutberberitze.** Sie wird ebenfalls nicht höher als einen Meter und sieht in Kombination mit der grünen Form besonders interessant aus. Der Boden sollte nicht zu trocken sein.

Duftendes in Miniformat

Der sibirische **Seidelbast** (*Daphne tangutica*) ist auch im Garten leicht zu ziehen, gut wüchsig und bleibt trotzdem klein. Er ist zwar giftig, aber schmückt sich mit herrlich von Weitem duftenden rosa Blüten. Benötigt einen sauren (kalkfreien) Boden.
Gerade einmal fünf (!) Zentimeter wird der Kriech-Färberginster hoch (*Genista tinctoria* 'Humifusa'). Als Bodendecker überall dort ideal, wo der Boden karg und durchlässig ist. Braucht keine Pflege.

Karl meint:

Für jeden Garten ist ein Baum oder Strauch gewachsen – ob groß oder klein. Ob modern oder romantisch. Ob mit Blüten oder ohne. Ob grünes Laub oder buntes. **Das macht das Gärtnern so lustig**

MACH ES SO

Viele Pflanzen werden heute bloß mit deutschem Namen angeboten. Die perfekte Suche nach einem besonderen Stück erfolgt allerdings mit dem botanischen (lateinischen) Namen. Klein bleibende Sorten tragen oft den Zusatz »*nanus*« (klein) oder »*pumilus* (zwergig), »*minimus*« (kleinster), »*perpusillus*« (winzig klein), »*pygmeus*« (zwergig) oder »*humilis*« (niedrig).

SO NICHT

In bunten Katalogen werden oft Miniobstsorten, Minibäume und Zwerggehölze angeboten, die aber oft nur stark geschnitten wurden und nach dem Auspflanzen ganz normal wachsen.

Karls Profitipps

Eine ganz besondere Gruppe von klein bleibenden Pflanzen sind die sogenannten **Hexenbesen**. Sie sind quasi eine Laune der Natur, die die Gärtner durch Veredelungen bewusst weitervermehren. Eine der bekanntesten Formen ist die **Zuckerhutfichte**. Zufällige Verkrüppelungen bei ganz normalen Fichten wurden vermehrt und wachsen zu den pyramidenförmigen Bäumchen.
Sehr oft tritt dieser zwergige Wuchs bei Nadelgehölzen auf, es gibt sie aber bei fast allen Gehölzen. Manchmal schlägt dann die ursprüngliche Wuchsform wieder durch und der Minibaum beginnt wieder normal zu wachsen.

Abwechslung macht die Gestaltung aus. Die klein bleibende Zwerg-Blutberberitze harmoniert hier perfekt mit den Gräsern im Hintergrund.

Die Kugeligen

Blätter, Blüten, die unterschiedlichen Grüntöne, die Farben der Blüten – das alles sind Kriterien für die Auswahl einer Pflanze. Gerade bei einer reduzierten, modernen Gestaltung eines Gartens sind aber oft besondere Wuchsformen gefragt. Besonders beliebt in den letzten Jahren: eine kugelige Wuchsform. Und das, wenn es nur irgendwie geht, ohne Schnitt.

Viel geliebter Buchs

Buchs steht noch immer hoch im Kurs, verliert aber immer mehr an Bedeutung. Die Sorte 'Herrenhausen' *(Buxus microphylla)* wächst auch ohne Schnitt kugelförmig, wird aber vom Buchsbaumzünsler, der sich in weiten Teilen Europas bereits breitgemacht hat, nicht verschont. Ohne Spritzen (zum Beispiel mit dem Biomittel »Xentari«) geht es nicht. Beim Buchsbaumpilz (orange-gelbe Blätter, die rasch abfallen) ist er nicht so empfindlich. Hier helfen ein luftiger Standort und vorbeugende Pflanzenstärkungsmittel (EM, Schachtelhalm).

Absolut ohne Schnitt kommt auch das **Zwerg-Pfaffenhütchen** *(Euonymus alatus* 'Compactus'*)* aus. Das Gehölz beeindruckt mit saftig grünen Blättern im Frühjahr, dunkelgrünem Laub im Sommer und einer leuchtend-feuerroten Herbstfärbung. Erst nach zehn Jahren ist die kugelig wachsende Pflanze 80 cm groß. Sie mag einen etwas sauren Boden, der nicht austrocknet. Sehr schön in einem Vorgarten oder einem Heidebeet.

Zum Zerkugeln – auch in der Höhe

Ob **Kugelahorn** *(Acer platanoides* 'Globosum'*)* oder **Kugelrobinie** *(Robinia pseudoacacia* 'Umbraculifera'*),* sie geben einem Garten, einer Hauszufahrt oder auch als Straßenbegleitbaum eine ganz besondere Note. Auch noch im Herbst, wenn die Färbung eintritt, sehen diese Kugelbäume sehr

Ein treuer Begleiter im Garten leidet seit einigen Jahren sehr: Der Zünsler und ein Pilz setzen dem Buchs arg zu.

Karls Profitipps

Der Buchs leidet extrem und ich hab schon an einer anderen Stelle als Ersatz die Eibe genannt. Besonders dekorativ, aber ein wenig empfindlicher sind die Ilex – die **Stechpalmen.** Es gibt sie in so vielen Sorten, von denen einige dem Buchs fast zum Verwechseln ähnlich sind. *Ilex crenata* 'Blondie' hat zum Beispiel keine »stacheligen« Blätter, sondern ebenso runde, weiche wie der Buchs. Im Frühjahr sind sie goldgelb. Die Sträucher wachsen kompakt, ohne Schädlinge und Krankheiten. Einzig: sie müssen bei extremem Frost ein wenig geschützt werden – möglichst keine Wintersonne, keine kalten Ostwinde und der Boden immer gut gemulcht. In Töpfen – so wie der Buchs – wird dieser Ilex allerdings nicht überleben.

Kugelbäume sind im Trend.
Aber: sie müssen von Zeit zu Zeit geschnitten werden – sonst brechen vor allem in schneereichen Gegenden die Kronen auseinander. Oft bis in den Stamm hinein

dekorativ aus. Dennoch sollte man bedenken, dass diese Bäume von Zeit zu Zeit geschnitten werden müssen. Gerade in schneereichen Gegenden kann die Schneelast die Krone auseinanderbrechen lassen.
Sehr schön ebenfalls: *Fraxinus ornus* 'Mescek', die **Kugel-Blumenesche.** Auch dieser Baum wächst kompakt und völlig ohne Schnitt kugelförmig, muss aber irgendwann auch einmal gestutzt werden.

Blühende Kugel

Die **Kugel-Steppenkirsche,** veredelt auf einen Hochstamm (*Prunus erminens* 'Umbraculifera'), ist eines der dekorativsten Gehölze, die es gibt: im Frühjahr über und über geschmückt mit dicht stehenden Büscheln von Blüten und im Herbst mit schöner gelber Färbung. Ideal für Vorgärten. Nicht hoch veredelt, bildet die Kugel-Steppenkirsche einen herrlich runden Strauch.

Mediterrane Stimmung

Eine Pflanze, die man selten findet und die mediterrane Stimmung in eine Gartengestaltung bringt, ist der **Zwergsanddorn** (*Hippophae rhamnoides* 'Hikul'). Diese aus Dänemark stammende Form wächst ganz langsam und kugelig. Die maximale Größe: 70 cm! Sie ist ideal für sehr trockene, kiesige Standorte und ein winterharter Ersatz für die Olive.

MACH ES SO
Bei der Gestaltung eines Gartens sollte man auch bei der Wuchsform nicht zu viele unterschiedliche Varianten wählen. Mehrere Kugelgehölze kann man mit kegelförmigem Schnitt kombinieren, streng kubische Formen sollten solche Gestaltungen aber nur begrenzen, nicht unterbrechen. Wichtig sind Areale, bei denen sich das Auge »erholen« kann – zum Beispiel eine Rasenfläche.

SO NICHT
Buchs, Eiben und Zypressen in schlangenförmigen Skulpturen sollte man sehr zurückhaltend verwenden. Sie können ein Blickpunkt sein, dürfen aber nicht zu einer überladenen Gestaltung führen. Solchen Objekten viel Freiraum geben.

Kugelgehölze brauchen immer wieder Pflege. Werden sie nicht geschnitten, brechen die Kronen auseinander.

Die Außergewöhnlichsten

Gärten sollten immer auch etwas Besonderes bieten. Wie langweilig sind doch Birke, Ahorn & Co., wenn es so viele herrliche andere Gehölze gibt. Bäume, die nach Lebkuchen duften oder deren Rinde wie Gewürzzimt aussieht – das alles gibt's wirklich und macht den Garten noch interessanter.

A wie Acer – der Ahorn

Wenn man einen Botaniker nach dem Ahorn fragt, dann wird er wohl einige Dutzend verschiedene *Acer*-Arten, wie sie botanisch heißen, nennen können. Mein Favorit: *Acer griseum* – der **Zimtahorn**. Er bleibt einigermaßen schlank, wird nicht zu groß und hat eine herrliche Herbstfärbung. Aber seine Besonderheit ist die Rinde: sie löst sich und rollt sich zusammen – wie der Gewürzzimt. An den Standort stellt er keine großen Ansprüche.

> **Karl meint:**
> Botaniker entdecken immer wieder neue Gehölze – mein Liebling: der **Sieben-Söhne-des-Himmels-Strauch**

Duftender Spätsommer-Blüher

Der Sieben-Söhne-des-Himmels-Strauch (*Heptacodium miconioides*), erst in den 1980er-Jahren in China entdeckt, ist mein Favorit. Er blüht im August mit herrlich duftenden Rispenblüten – wobei die einzelnen Blüten zu siebent beisammenstehen (Name!) – und schmückt sich im Herbst mit purpurnen, später leuchtend roten Früchten. Er wird nicht allzu groß – maximale Höhe: etwa drei Meter. Der Boden sollte humos sein, der Standort sonnig.

Kastanien und Lebkuchen

Wer an Kastanienbäume denkt, der denkt an große Alleegehölze. Die »Bonsai«-Ausgabe wächst überall: *Aesculus parviflora* – die **Strauchkastanie**. Im Frühsommer schmückt sich das Gehölz mit herrlichen Blüten, im Herbst ist die Blattfärbung ein Blickpunkt. Zu den Kastanien passt: der **Hänge-Lebkuchenbaum** (*Cercidiphyllum japonicum* 'Pendulum'). Der kleine Baum mit dem silbrig-grünen Laub ist dekorativ und hat seinen großen Auftritt im Herbst: eine herrlich gelbe Herbstfärbung und den Lebkuchenduft. Denn wenn das Laub zu Boden fällt, duftet es für einige Tage intensiv nach Lebkuchen.

Fünf Gehölze, die nicht jeder kennt

1. **Indianerbanane** (*Asimina triloba*) – nicht nur ein Fruchtgehölz, sondern ein nicht allzu großer Baum. Papau haben bereits die Indianer verspeist – die Früchte erinnern an exotisches Obst. Am besten zwei Bäume setzen, dann gibt's nach fünf Jahren Früchte. Herrliche orangegelbe Herbstfärbung.
2. **Schneeflockenstrauch** (*Chionanthus retusus*) – mein Favorit als Großstrauch und Kleinbaum. Er wird auch als Chin. Fransenstrauch bezeichnet und braucht einen geschützten Platz. Im Mai: gefranste Rispen, die duften.
3. **Blumenesche** (*Fraxinus sieboldiana*) – ebenfalls ein »Chinese«. Der langsam wachsende Baum (max. 5 m) hat im Mai leicht duftende Blütenrispen, im Herbst roten Fruchtschmuck und gelbe Laubfärbung.
4. Die **Vanille-Erdbeer-Hortensie** (*Hydrangea paniculata* 'Vanille Fraise') zählt zu den Newcomern im Hortensienreich. Sie blüht auf den einjährigen Trieben, wird also auf ein Drittel geschnitten. Sonnig, feucht und kalkfrei sollte der Boden sein, dann gibt es die 30 cm langen weißgelben Rispenblüten, die sich später rosa und dann dunkelrot färben.
5. **Japanische Ulme** (*Zelkova serrata* 'Vulkan'). Diese Ulme gibt's als Baum oder als größeren Einzelstrauch. Das saftig grüne Laub wird im Herbst von einem Feuerwerk an Farben begleitet. Der Boden sollte nie austrocknen.

Besondere Gehölze | **107**

Karls Profitipps

Auch wenn sie noch so verwirrend sind, ein wenig sollte man sich mit den botanischen Namen auseinandersetzen – weil sie die Verwandtschaft zeigen. Da gibt es zum Beispiel den **Gewürzstrauch** – mit roten Blüten im Frühjahr, die am Abend nach Erdbeeren duften: *Calycanthus floridus*. Die getrocknete Rinde duftet nach Gewürznelken.

Und dann wurde ein sommerblühender Gewürzstrauch entdeckt: *Sinocalycanthus raulstonii* 'Hartlage Wine' ist aber schon eine gärtnerische Züchtung (eigentlich eine Kreuzung zwischen dem Bekannten und dem Neuen) davon. Herrlich rote Blüten mit einem interessanten Duft.

MACH ES SO

Es gibt Bäume, die sind ideale Blickpunkte: Die Gold-Bergulme mit ihren gelbgrünen Blättern (*Ulmus glabra* 'Lutescens') ist solch ein breitkroniger Terrassenbaum. Ein Schattenspender – auch ohne Blüten. Oder die Schirmmagnolie *(Magnolia tripetala)*, die mit ihren Riesenblättern bei mir im Garten immer auf Interesse stößt und sich ebenfalls als Schattenspender hervorragend eignet.

SO NICHT

Sonnenschirm – nein danke! So kann es bei einer »wachsenden« Terrassenbeschattung heißen. Trotzdem so setzen, dass ein Teil unbeschattet bleibt, denn im Frühling und Herbst sind wir sonnenhungrig und benötigen die wärmenden Strahlen.

Feuerrotes Laub – neben der auffälligen Rinde punktet der Zimtahorn im Herbst mit einem Feuerwerk an Farben.

So wird's groß

Das **Saatgut** ist gekauft, die **Erde** gemischt und auch die **Töpfe** stehen schon bereit. Auf los geht's los... Doch wie macht man es **richtig**, damit die Pflanzen wirklich perfekt wachsen? Vom **Pflanzen**, übers **Gießen** bis hin zum richtigen Schnitt – das macht Spaß!

Vom Samenkorn zur perfekten Pflanze

Die Euphorie ist im zeitigen Frühjahr nicht zu bremsen: Kaum riecht man den Frühling, werden die ersten Samenpackungen gekauft, die Töpfe und Saatschalen aus dem Keller geholt und schon beginnt das Erdmischen und Säen. Dieser Moment des Beginns ist es, der Jahr für Jahr das Gärtnern zu einem der schönsten Hobbys macht.

Wenn ein Samenkorn im Frühjahr aus dem »Schlaf« erwacht, sich die Keimblätter öffnen und der Stängel sich streckt, beginnt das alljährliche Staunen darüber, wie schnell aus einem Körnchen eine stattliche Pflanze wird. Dann wird gegossen und gedüngt, umgetopft und ausgepflanzt – Blumen, Gemüse, Kräuter. Die richtige Pflege ist es, die gefragt ist, damit alles wirklich perfekt gedeiht.

Fragen über Fragen

Für mich sind die ersten Wochen eines Gartenjahres die schönsten, aber auch die anstrengendsten. Einerseits genieße ich bei mir im Gewächshaus das ideale Klima für die Anzucht, andererseits flattern zu dieser Zeit so viele Mails mit Gartenfragen ins Postfach, wie das ganze Jahr nicht: *Wie soll ich säen? Wie tief pflanze ich? Muss ich mulchen? Wann gießen? Geht auch Leitungswasser? Und warum düngen – das macht doch in der Natur auch niemand?!* Genau diese Fragen will ich in diesem Kapitel aufgreifen und gleich dazu noch viele Tipps geben, damit das Gärtnern noch mehr Spaß macht.

Meine ersten Gartenerfahrungen habe ich im elterlichen Garten gesammelt. Ein wenig stand mein Vater zur Seite, die Großmutter gab Tipps und eine rührige Köchin mit großer Gartenerfahrung stand immer wieder mit Rat und Tat zur Verfügung. Es gab kein Problem, für das sie nicht eine Lösung wusste. Und alles gedieh prächtig.

Es kommt eben auf den grünen Daumen an. Den bekommt man entweder (beinahe) in die Wiege gelegt oder er wächst, langsam aber sicher. Mit den vielen Erfahrungen, die man im Laufe eines Gartenlebens sammelt. Rückschläge haben bei mir genauso dazu gehört, wie sie auch bei jedem anderen stattfinden. Doch diese Erfahrungen sind es, die einen zum perfekten Gärtner machen.

Merken Sie sich in jedem Fall den Buchstaben »G«, denn es sind zwei Tugenden, die ein Gärtner mitbringen sollte: Geduld und Gelassenheit. Nichts übereilen und nicht schon beim kleinsten Problem eine große Katastrophe am Horizont sehen. Vieles löst sich im Garten von selbst – das macht dann noch mehr Freude.

Es ist immer ein Erlebnis, wenn aus einem Samenkorn ein Pflänzchen und später eine stattliche Pflanze wird.

Karl meint:
Viele vermeintliche **Probleme** im Garten **löst die Natur ganz alleine.** Bleiben Sie ruhig und **warten** Sie zu!

Jeder fängt klein an – so wird gesät

Man nehme Erde, Töpfe, Saatgut – und schon geht's los. Im Prinzip stimmt das, allerdings gibt es ein paar Tricks, damit es sicher gelingt. Das beginnt einmal mit der Erde – darüber hab ich an anderer Stelle schon sehr viel geschrieben. Für die Aussaat nehmen wir die sogenannte Aussaaterde. Keine vom Vorjahr, sondern eine tatsächlich frische, damit nicht Pilze, die sich in alten Erden bilden, die kleinen Wurzeln der Keimlinge zerstören.

Die ideale Kinderstube

Wer Samentüten (wir nennen sie liebevoll Samen«sackerl«) kauft, achtet auf das Abpack- und, noch wichtiger, auf das »Ablaufdatum«. Das gibt es auch bei Saatgut. In den sogenannten Keimschutzpackungen hält es sehr lange, ist die Tüte aber einmal geöffnet, verlieren die Samen rasch an Keimkraft. Schalen aus Kunststoff oder auch aus Ton, aber auch Verpackungsdosen sind als Kinderstube ideal. Egal, welche man wählt – alle sollten Löcher im Boden haben, damit es zu keine Staunässe kommt.

Gerade in den ersten Tagen ist »gespannte« Luft für die Pflänzchen wichtig. Das bedeutet, dass die Luft nicht zu trocken ist. Das kann man mit Glasplatten, Minianzuchthäusern oder auch Plastikfolien erreichen. Und noch etwas lieben fast alle Pflanzenbabys: Wärme und Licht!

Freilich sollte auch frische Luft nicht zu kurz kommen: Wer nicht täglich lüftet, läuft Gefahr, dass die Pflänzchen umfallen und abfaulen.

Keimlinge sind wie **kleine Kinder!** Sie wollen verhätschelt und betreut werden – von früh bis spät

Pikieren – so nennt der Gärtner das Auseinandersetzen der kleinen Sämlinge, damit sie gut wachsen können.

Karls Profitipps

Eine Fensterbank mit einem Heizkörper darunter ist der beste Platz für die kleine Gärtnerei. Die Schalen stellt man am besten auf Styroporplatten, die halten die Kälte ab.

Bleibt ein wenig Kamillentee übrig, ist das das beste »Babybad« für die Samen. Einige Stunden in den kalten Tee legen, das aktiviert die Keimkraft. Die Samen immer gleichmäßig dünn verteilt in die Saatschalen streuen. Aufpassen: Manche Samen brauchen Licht (»Lichtkeimer«, wie z. B. Basilikum und Tomaten), andere mögen in den ersten Tagen Dunkelheit (»Dunkelkeimer«, wie z. B. Kürbis und Feldsalat). Hinweise beachten! Der beste Standort für Aussaaten ist im Vorfrühling ein Südfenster – aber geschützt vor direktem Sonnenschein.

Nie zu früh säen!
Das alte Sprichwort – die Ersten werden die Letzten sein, gilt hier ganz besonders

Aussaat im Beet

Viele Samen (z. B. Salat, Spinat, Radieschen) werden nicht im Zimmer vorgezogen, sondern direkt im vorbereiteten Beet ausgesät. Bei der Vorbereitung ist es wichtig, alle groben Erdschollen zu zerkleinern. Auch größere Steine sollten nicht direkt in der Saatrille liegen. Ist das Erdreich sehr grob, in die Saatrille Quarzsand einstreuen. Saatrillen legt man übrigens ganz einfach an: Man zieht einen Holzstab durch die Erde. Dann einfach die Tüte aufreißen und entweder direkt aus der Verpackung oder aus der Handfläche das Saatgut dünn und gleichmäßig verteilen. Je lockerer das gelingt, desto größer wird der Erfolg, denn die Pflanzen benötigen später viel Platz. Radieschensamen zum Beispiel sollte man nur alle 1,5 cm in die Erde fallen lassen. Bevor Erde in die Rille kommt, mit handwarmem (bei Petersilie und Karotte »babybadwarm« – also etwa 35 °C) Wasser gut einschlämmen und danach mit feiner Erde bedecken.

Gut feucht halten und vereinzeln

In den ersten Wochen müssen die Sämlinge verhätschelt werden. Schon einige Stunden Trockenheit können die feinen Faserwurzeln zum Absterben bringen. Sind die Keimlinge ein wenig größer, kann man vereinzeln. Bei vielen Pflanzen wird man die ausgesonderten Pflanzenkinder wegwerfen. Sosehr einem das Herz blutet – damit schafft man ausreichend Platz für die anderen, die sonst zu kümmern beginnen. Und: man lernt, dass man beim Aussäen das nächste Mal weniger großzügig vorgeht.

MACH ES SO

Samen, die in etwa die Größe des kleinen Fingernagels haben, sollte man immer in kleinen Töpfen kultivieren. Saaten von Bohnen, Kürbissen, Zucchini, Gurken oder auch Mangold zieht man in Aussaaterde in Töpfen vor, die etwa 5–8 cm Durchmesser haben. Zwei bis drei Samen werden pro Topf verwendet. Sind dann alle gekeimt, entfernt man den schwächsten Keimling.

SO NICHT

Zu früh im Jahr, bei zu kühler Witterung ausgesät, heißt bei vielen Samen: Der Misserfolg ist garantiert. Bohnen sind hier genau so empfindlich wie Gurken oder Zucchini. Ende Mai, Anfang Juni ist noch völlig zeitgerecht.

Samenkörner, die direkt gesät werden, müssen gut eingeschlämmt werden – dann gibt's Erdkontakt.

Lass dich pflanzen!

Ob Blumen oder Gemüse, ob Bäume oder Sträucher – für den Gartenfreund heißt es immer wieder: Lass dich pflanzen! Dabei sind die ersten Schritte ins selbstständige Leben oft sehr unterschiedlich. Manche Pflanzen holt man im kleinen Topf in den Garten, andere mit »nackten« Wurzeln und wieder andere nur mit einem Erdballen.

Wurzelnackt – das war einmal

Sosehr die Profis es auch immer wieder predigen: Wurzelnackte Pflanzen, wie zum Beispiel Rosen, Hecken oder auch Wildsträucher, werden kaum noch gesetzt. Diese Pflanzen sind preisgünstig, wachsen besonders gut an, aber man muss hinnehmen, dass Wind und Wetter das Pflanzen nicht zum Vergnügen machen. Im Spätherbst, dann, wenn kaum jemand noch an den Garten denkt, ist die beste Zeit dafür. Das Anschneiden der Wurzeln ist wichtig: Abgebrochene und verletzte Teile mit einem scharfen Schnitt entfernen.

Die Rose im Container?

Vom Blumentopf sprechen Profigärtner nie – für sie sind die Töpfe immer Container. Das verwirrt gleich einmal zu Beginn. Denn: eine Staude im Container zu bestellen – was wird da daherkommen? Dabei sind Lupinen, Pfingstrosen, aber auch Rosen und alle Obstbäume und Sträucher längst in den Container gezogen und warten dort auf den Verkauf. Von ganz klein bis riesig groß können diese Töpfe sein. Großer Vorteil: Man kann das ganze Jahr über pflanzen – selbst im Hochsommer. Allerdings muss man dann beim Gießen dahinter sein. Dennoch aufpassen: Pflanzen im Container können auch »überständig« sein, also schon zu lange im Topf stehen. Der Tipp: Beim Kauf die Pflanze aus dem Topf nehmen. Sind die Wurzeln hell und weiß, dann ist die Pflanze perfekt. Sind sie aber dunkel, schwarz, ja sogar verfault – Hände weg. Wichtig beim Pflanzen von Containergewächsen: Immer genau so tief setzen, wie sie im Topf standen. Ausnahme sind nur die Rosen. Bei ihnen kommt die Veredelung eine Handbreit unter die Erde.

Da haben wir den Salat

Salatpflänzchen werden, so wie viele andere Gemüsepflanzen, mit einem Wurzelballen angeboten. Oft in kleinen 6er- oder 12er-Tableaus. Diese Pflanzen wachsen rasch weiter, wenn man sie nicht zu lange in den Schalen stehen lässt. Gepflanzt wird am besten bei trübem Wetter. Dann ist das Anwachsen garantiert. Niemals zu tief setzen, vor allem beim Salat. Als Faustregel gilt hier: Der halbe Erdballen kommt in die Erde, dann ist nämlich garantiert, dass der Salat nicht zu faulen beginnt.

Erdballen – gibt's das noch?

Große Bäume werden auch heute noch mit einem Erdballen geliefert. Dieser wird in der Baumschule »gestochen« in Metallgitter und/oder Jute verpackt, damit er zusammenhält und die feinen Faserwurzeln des Baumes beim Transport geschützt sind.
Beim Pflanzen wird der Baum mit der »Verpackung« in das Pflanzloch gestellt, verankert und danach erst werden das Gitter und das Jutevlies gelöst. Nicht ganz entfernen, sondern nur seitlich wegbiegen – das reicht und das Wachsen kann beginnen. Nicht vergessen, einen Gießrand (etwa 10 cm hoher, kleiner Erdwall) zu formen. Damit ist auch in den nächsten Monaten garantiert, dass das Wasser direkt bei der Pflanze bleibt.

Karl meint:

Egal was man pflanzt, das **Angießen** (»Einschlämmen«) ist nicht nur für die **Feuchtigkeit** wichtig, sondern vor allem für den dichten **Erdschluss** von **Wurzeln** und **Mutterboden** verantwortlich

MACH ES SO

Bevor Containerpflanzen gesetzt werden, sollte man sie für einige Zeit in einen Kübel Wasser stellen. Der Topfballen muss durchdringend feucht sein, nur dann ist ein schnelles Anwachsen garantiert. Bei sehr stark verwurzelten Pflanzen den Ballen aufreißen: Erdballen mit beiden Händen halten und leicht auseinanderziehen.

SO NICHT

Ein trockener Wurzelballen, der noch dazu zu hoch gepflanzt wird, wirkt wie ein Docht: Das Wasser wird in den nächsten Monaten regelrecht aus der Erde gesaugt, verdunstet und die Pflanze geht meist kaputt.

Karls Profitipps

Große Bäume sollten im Garten immer so ausgerichtet werden, wie sie in der Baumschule standen. Damit ist die Rinde an der Südseite »sonnenfest«. Passiert das nicht – oder lässt es sich nicht feststellen –, kann es zu gravierenden Schäden kommen. Top-Baumschulen »norden« die Bäume: Das bedeutet, dass sie an die ursprüngliche Nordseite einen Punkt auf den Stamm setzen.

Lässt sich das **Einnorden** nicht mehr durchführen, sollte man den Baumstamm in den ersten Jahren mit Jutebändern, Baumanstrichen oder auch Plastikummantelungen schützen. Solche Plastikteile sind auch ein sehr guter Verbissschutz.

Salatpflänzchen werden vorgezogen gekauft. Ganz wichtig: Die Wurzelballen nur zu knapp zwei Drittel in die Erde setzen, sonst gibt's Fäulnis.

Niemals nackt – das Mulchen

Von welcher Erde träumt ein Hobbygärtner normalerweise? – Von der Walderde: dunkel, schwarz, locker, duftend – und das alles ohne Zutun des Menschen. Das Geheimnis dieser guten Erde ist die Mulchschicht. Die Blätter, die Äste, die auf der Erde liegen – sie alle schützen den Boden, halten ihn feucht und schaffen so die beste Umgebung, damit das Leben der Mikroorganismen forciert wird.

Eine Veränderung, die wirkt

Die Bodenbedeckung ist eine Maßnahme, die für die meisten »normalen« Gartenfreunde die größte Umstellung bedeutet, wenn sie den Garten biologisch bewirtschaften wollen: Beete sind nicht mehr sauber und glatt gerecht und die Gemüsepflanzen stehen darauf in Reih und Glied. Nein, die Erde muss ständig bedeckt sein.

Karls Profitipps

Die Natur ist ein Sparmeister. Mit Wasser geht sie beispielsweise besonders sorgsam um. Während der Mensch dafür immer aufwändigere Technik einsetzt, um das kostbare Nass zu speichern, schafft es Mutter Natur auf einfachste Weise: Sie gibt auf die Erde einen »Deckel« und verhindert so das Verdunsten des Wassers. **»Bodenbedeckung«** oder auch **»Mulchen«** wird das im biologischen Landbau genannt. Nackte Erde ist etwas Unnatürliches. Nach einem Erdrutsch, einem Hochwasser oder einer anderen Katastrophe in der freien Natur dauert es nur wenige Wochen oder Monate und die Erde ist wieder mit einem dichten grünen Kleid bedeckt.

Es gibt in der Natur keine nackte Erde! Daher wird überall im Garten gemulcht – mit Rinde, Rasen oder Blättern.

MACH ES SO

Der »Deckel« auf dem **Humus** verhindert ein Austrocknen der Erde. Das gespeicherte Wasser bleibt so im Boden. Der Wind kann die nahrhaften Substanzen nicht verwehen und die Milliarden von Mikroorganismen und Kleinstlebewesen können in einer »angenehmen« Umgebung ihr Workout verrichten und die Erde fruchtbar erhalten. Gemulcht wird in einer dünnen Schicht: 3–5 cm.

SO NICHT

Nackte, unbedeckte Erde bedecken wir nicht mit Bergen aus Rasenschnitt. Es darf auch in der Mulchschicht keine Fäulnis geben. Das lockt nur Schnecken an.

Sechs Tipps: Damit wird gemulcht

1. Die Top-Mulchmaterialien sind frischer, noch grüner **Rasenschnitt** und im Herbst gehäckseltes **Laub.** Das schützt den Boden und schafft langfristig Humus.
2. **Papier und Karton,** die unbedruckt sind (Schwermetalle in einigen Druckfarben!), eignen sich zerkleinert als Mulchmaterial oder (im Ganzen ausgelegt) auch als Unterlage von Mulchschichten. Karton bremst z. B. lästige Wurzelunkräuter wie Giersch oder Winde.
3. **Blätter von Tomaten** (beim Ausgeizen fallen im Sommer große Mengen an) können gleich bei den Pflanzen zerkleinert und unter die Stauden gelegt werden.
4. **Brennnessel:** Die ideale Pflanze für die Bodenbedeckung überhaupt. Vor dem Blühen abschneiden und in Reihen auf die Beete legen.
5. **Rindenmulch** ist das meistverwendete Mulchmaterial, doch sollte man vorsichtig damit umgehen. Bei Beeren und Azaleen, weil er wie Torf (den der Naturgärtner zum Schutz der wenigen noch erhalten Moore nicht verwendet) eine saure Bodenreaktion auslöst.
6. Moderne Methoden sind **Mulchfolien** (unter dem Namen »Erdbeer- oder Unkrautfolie« im Handel) – perfekt, aber nicht Natur, und **Mulchpapier** (erst seit Kurzem im Handel). Diese müssen aber ein wenig mit natürlichen Mulchmaterialen bedeckt werden. Sieht sonst komisch aus.

Keine Schneckeninvasion!

Viele meinen, dass sich durch das Aufstreuen von Rasenschnitt die Schnecken vermehren würden. Das ist nicht richtig. Schnecken sind auch ohne Mulch vorhanden, nur verstecken sie sich in den Erdritzen. Mulcht man, so findet man sie unter dem Rasenschnitt und kann sie bequem absammeln. Und so überwiegen die Vorteile: Pflanzen wachsen viel kräftiger, weil sie nicht abwechselnd trocken stehen und dann wieder Feuchtigkeit bekommen.
Das Mulchmaterial hält nicht nur den Boden feucht, sondern verhindert auch das Aufkommen von »Un«kraut (das im Naturgarten »Wildkraut« heißt). So entstehen auch weniger Versteckmöglichkeiten für die Schnecken.
Und noch etwas Wichtiges: Unter einer Mulchdecke (und nur dort) verstecken sich auch wichtige Gegner der Schnecken – die Laufkäfer. Gibt es keine schützende Decke, verschwinden diese Nützlinge recht schnell, die Schnecken aber bleiben – nur eine Etage tiefer – und vermehren sich ungehindert weiter.

Karl meint:

Wer einmal damit begonnen hat, den Boden mit **Mulch** zu schützen, kommt nicht mehr davon weg: weniger Gießen, weniger Unkraut und viel lockerere Erde.
Und dazu: **besseres Wachstum**

118 | SO WIRD'S GROSS

Kräftig gießen und dann wieder drei Tage entspannen. Das ist das Motto für geniale Gärtner. So werden die Pflanzen nicht verwöhnt und bilden tiefe Wurzeln.

Genießen statt gießen

Wenn die Sonne vom Himmel lacht, dem Gartenfreund die Schweißtropfen auf der Stirn stehen und die Luft zu flimmern beginnt – dann beginnt für viele das Gießen. Dabei wollte man doch eigentlich nur genießen! Doch Balkonkästen, Kübelpflanzen, Kräutertöpfe, Gemüsebeete, Rosen und Obstbäume müssen versorgt werden …

Richtig gießen am Balkon

Ein einziger glühend heißer Sommertag kann für Balkonblumen schon das Aus bedeuten. Gegossen wird am besten am späten Nachmittag, sodass die Blätter, die eventuell nass geworden sind, noch abtrocknen können. Die feuchte Erde über Nacht ermöglicht den Pflanzen aber dann ein »Durchatmen«. Tagsüber würde die Erde zu schnell wieder austrocknen. Genauso werden Kübelpflanzen gegossen – also Oleander & Co. Bei Palmen oder Yucca kann man schon einmal vergesslich sein – diese Pflanzen sind so robust, dass sie auch für kurze Zeit mit der Trockenheit zurechtkommen.

Hat man einmal das Gießen übersehen, dann müssen die Töpfe allerdings mindestens zwei, wenn nicht drei Mal kurz hintereinander gegossen werden. Die trockene Erde nimmt die Feuchtigkeit schlecht auf und das Wasser fließt schon aus dem Abzugsloch des Topfes, obwohl das Substrat noch trocken ist. Auch in Töpfen und Kästen hat sich das Mulchen bewährt (siehe S. 117). Als ganz alternatives Material kann man auch frisch geschorene Schafwolle verwenden. Dieses Vlies schützt den Boden und verhindert das zu rasche Austrocknen.

Karl meint:
Gießen am **Morgen** oder **Abend** – da scheiden sich die Geister.
Ich mache es, wenn ich **Zeit** habe!

Auch der Garten braucht Wasser

Im Garten heißt es zunächst einmal mulchen – das spart Mühe. Im Gemüsegarten kann das Gießen deutlich reduziert werden, wenn die Beete mit organischem Material (wie Rasenschnitt) bedeckt werden (siehe Seite 116). Eingewachsene Bäume oder Sträucher, also Gehölze, die vier Jahre oder länger im Garten wachsen, benötigen praktisch kein zusätzliches Gießwasser. Sie holen sich mit ihren tiefen Pfahlwurzeln alles, was sie benötigen. Rosen muss man in den ersten Jahren (abhängig vom Boden) gießen. Bei Sandböden wird man damit nie aufhören können. Bei Lehmböden ist später kein Wässern mehr nötig.

Die zehn besten Tipps fürs Gießen

1. Zeitig am Morgen oder am späteren Nachmittag gießen. Blätter sollten über Nacht nicht nass sein.
2. **Regenwasser** verwenden – das enthält keinen Kalk.
3. Wann immer es geht, mit **angewärmtem Wasser** gießen. Damit gibt's keinen Kälteschock für die Pflanzen und die Gefahr von Pilzerkrankungen ist viel geringer.
4. Wasser aus dem Schlauch sollte **nur mit einer Brause** ausgebracht werden. Alleine damit erwärmen sich die Wassertröpfchen schon ein wenig.
5. Alle zwei bis drei Tage **durchdringend wässern** – das bedeutet 20–30 Liter pro Quadratmeter. Damit dringt das Wasser in tiefe Bodenschichten und die Wurzeln beginnen dort zu wachsen.
6. **Tröpfchenbewässerung** installieren – damit kommt das Wasser punktgenau zu den Pflanzen. Für Topfpflanzen ideal.
7. **Perlschläuche** (das sind durchlöcherte Schläuche) auslegen und mit Mulch bedecken.
8. Bei **automatischen Anlagen** nicht nur Zeitschaltuhren, sondern unbedingt auch **Feuchtefühler** einbauen. Damit wird ein Zuviel an Wasser verhindert.
9. **Bei Balkonkästen** Systeme mit **Wasserreservoir** verwenden – damit kann man ein, zwei Tage wegfahren.
10. Gerade im Spätherbst nicht vergessen: Bei Immergrünen ist die **Wasserversorgung im Winter** besonders wichtig.

Karls Profitipps

Lieber alle paar Tage intensiv wässern als täglich nur oberflächlich. Das haben viele schon oft gehört. Aber warum? Bestes Beispiel sind Rasenflächen, hier erkennt man das Problem rasch: Wird die Erde nur oberflächlich angefeuchtet (Rasensprenger ½ Std. in Betrieb), dann bilden sich die Wurzeln nur an der Oberfläche. Trocknet die Wiese dann am nächsten Tag aus, sterben die Gräser ab. Hat man aber ausgiebig gegossen, bilden die kleinen Rasenpflänzchen tief reichende Wurzeln und können so die Hitze leichter überstehen.
Und beim Mähen das Messer nicht zu tief einstellen. Stufe 3 ist normalerweise ideal.

MACH ES SO

Gegossen wird die Erde und nicht die Blätter und Triebe. Daher die Brause beim Schlauch, wann immer es geht, direkt auf den Boden richten, allerdings ohne die Wurzeln frei zu schwemmen. Wurde gemulcht, dann mildert diese Decke den Wasserstrahl und verteilt das Wasser sanft.

SO NICHT

Die Wasserdüse mit dem scharfen Strahl hat im Garten nichts verloren (außer man reinigt etwas …). Genauso sinnlos ist es, den Pflanzen eine »erfrischende« Dusche zu geben, wie man sie bei großer Hitze selbst gerne hat. Macht man das häufig, können Pilzerkrankungen die Folge sein. Vor allem wenn man mit eiskaltem Leitungswasser gießt.

Gießen mit Köpfchen

Automatische Bewässerungen boomen in den letzten Jahren. Einerseits, weil die Gartenfreunde es immer bequemer haben wollen und die Sommer immer heißer werden, und andererseits, weil die Technik mittlerweile auch größere Lösungen finanzierbar macht.

Herzstück all dieser großen Anlagen ist ein Bewässerungscomputer, der die Wetterdaten analysiert, teilweise die Bodenfeuchtigkeit misst und dann punktgenau dort die Bewässerung einschaltet, wo sie gebraucht wird.

Bewässerungsrohre in der Erde verlegt

Schon bei der Anlage des Gartens werden solche Systeme mit gebaut, denn die Rohre liegen versteckt unter der Erde. Auch alle Düsen der modernen Anlagen verschwinden, wenn sie nicht in Betrieb sind, und sorgen dafür, dass keine störende Technik zu sehen ist, wenn nicht gegossen wird.

Elektronik hilft bei der Bewässerung, aber es geht auch ohne: Tonkegel steuern ohne viel Aufwand topfgenau die passende Wassermenge.

Dieses punktgenaue Gießen spart freilich auch viel Wasser, weil wirklich nur dort gegossen wird, wo es notwendig ist. Solche Anlagen kann der Laie kaum selbst errichten, hier sind Fachfirmen gefragt.

Automatik ohne Elektronik

Schon seit vielen Jahren begeistert mich eine Tröpfchenbewässerung, die ohne jede Elektronik funktioniert und sogar für jede Pflanze extra gesteuert werden kann. Kernstück dieser »Low-Budget-Bewässerungsanlage« ist ein Tonkegel. Er sorgt allerdings nicht dafür, dass das Wasser an den Boden abgeben wird, sondern übernimmt die Fühlerfunktion. Der Kegel ist mit Wasser gefüllt und oben mit einem Ventil versehen. Durch dieses Ventil wird ein flexibler, dünner Wasserschlauch geführt. »Meldet« nun der Kegel Trockenheit in der Erde, beginnt das Wasser durch die Tonporen nach außen zu wandern. Dabei entsteht ein Unterdruck, der das Ventil öffnet, und der kleine Bewässerungsschlauch beginnt zu tropfen. Die Erde wird feucht, der Tonkegel schließt daher nach einiger Zeit das Ventil wieder.

Blumenkästen, einzelne Töpfe, ja sogar Kübelpflanzen lassen sich mit diesem stromlosen Bewässerungssystem versorgen. Man kann sogar punktgenau ein Ventil mehr aufdrehen, weil hier eine besonders durstige Pflanze steht und gleich daneben, mit einem weiteren Ventil, aber verbunden mit dem Hauptschlauch, ein Kaktus steht, der wenig Wasser benötigt. Ein präzises System also für relativ wenig Geld!

Karl meint:

Wer **regelmäßig gießt,** sorgt für ein **gesundes,** kräftiges **Wachstum.** Damit gibt es bei den Pflanzen **weniger Stress** und damit **weniger Krankheiten** und Schädlinge

MACH ES SO

Balkonblumen überleben Hitzeperioden nur für kurze Zeit. Temperaturen jenseits der 30 °C lassen die Erdballen sehr schnell austrocknen. Da hilft nur mehrmaliges Gießen, selbst bei vollem Sonnenschein. Die Schäden halten sich dann in Grenzen.

SO NICHT

Sind Pflanzen tatsächlich (fast) vertrocknet, niemals für längere Zeit in einen Wassereimer stellen. Die gut gemeinte Hilfe entpuppt sich als endgültiges Ende, denn die letzten noch intakten Wurzeln gehen durch Fäulnis kaputt. Gleiches gilt fürs Düngen – erst wenn die Pflanze wieder wächst, gibt's Futter.

Karls Profitipps

Seit einigen Jahren werden sogenannte **wasserspeichernde Gele** angeboten. Das weiße Pulver wird in die Erde gemischt und quillt auf, wenn es mit Wasser in Verbindung kommt. Es speichert das x-Fache an Wasser und gibt es dann langsam an die Wurzeln ab. Gleichzeitig verhindert es aber auch Staunässe, sodass die Pflanzen problemlos mit der großen, gespeicherten Wassermenge zurechtkommen. Ideal ist das aus England kommende Gel für Blumenampeln sowie alle Töpfe und Blumenkästen, die besonders exponiert platziert werden und Sonne und Wind ausgesetzt sind. Hersteller sagen, man könne 2–3 Tage aufs Gießen verzichten.

Gießen ist für mich wie autogenes Training – von Pflanze zu Pflanze spazieren, sie mit Wasser versorgen und dabei den Gedanken nachhängen.

Alles Gute kommt aus der Tonne

Regenwasser gehört zum Besten, daher wird es immer öfter als ideales, billiges und ökologisch perfektes Wasser gesammelt. Ob Regentonne oder unterirdisches Reservoir – wichtig ist, dass es genutzt wird.

Gratiswasser, das es in sich hat

Eine Dachrinne mit einem Regenrohr findet man bei jedem Haus. Mit wenigen Handgriffen (kann man selbst) eine Klappe installieren, die das kostbare Nass nicht in den Kanal, sondern in eine Regentonne leitet. Ob eine dekorative Holztonne oder ein Plastikbehälter, der direkt angeschlossen wurde und mittels Pumpe das Wasser abgibt, ist eine Frage der Bequemlichkeit (und der Brieftasche). Eines wird sich aber rasch zeigen: Dieses Wasser, das gut angewärmt zum Gießen verwendet wird, hat es in sich. Die Pflanzen wachsen wesentlich besser und bleiben gesund.

Aufpassen sollte man aber bei Regentonnen, wenn Kleinkinder im Haushalt sind. Dann unbedingt mit Holzdeckel oder einem Gitter versehen. Selbst in kleinsten Wasserbehältern kann es zu verheerenden Unfällen kommen. Und noch etwas sollte man bedenken. Regentonnen sind Brutstätten für Gelsen. Daher heißt es auch diesbezüglich: abdecken oder einige Tropfen Öl auf die Wasseroberfläche geben, dann können die Larven nicht überleben und ersticken.

> **Regenwasser** enthält keinen Kalk, ist meist von der Sonne angewärmt und daher besonders gut zum Gießen geeignet

Eindeutig das beste Wasser zum Gießen: Regenwasser. Es ist »weich«, also kalkfrei und hat die richtige Temperatur.

MACH ES SO

Oft gibt es in Wohnhäusern stillgelegte Zisternen von früheren Hauskläranlagen. Diese kann man perfekt zum Auffangen von Regenwasser nutzen. Wichtig ist allerdings davor die hygienische Reinigung, denn das Wasser kommt ja zum Teil direkt auf Gemüse und Früchte, die dann ungewaschen (»Kommt ja aus dem Garten«) gegessen werden.

SO NICHT

Der erste Wasserschwall, der nach längerer Trockenheit aus der Dachrinne kommt, ist oft mit Vogelkot und anderen Ablagerungen verschmutzt. Dieses Wasser nicht zum Gießen verwenden! Spezielle Dachrohrklappen, die den Zugang zum Wasserbehälter zeitverzögert öffnen, schaffen Abhilfe.

140 Liter Wasser benötigt der Europäer im Schnitt **pro Tag** – alleine 40 Liter für die Toilettenspülung

Wassersparen – Gebot der Stunde

Werden in reichen Wüstenstaaten oft Hunderte Liter Wasser zum Gießen der Grünanlagen verwendet, so liegen die Mengen bei uns in einem vernachlässigbaren Umfang. Dennoch sollte man Sparsamkeit großschreiben und statt Leitungswasser, wo immer es geht, Regenwasser nutzen. Bei Neubauten werden sogenannte Grauwasser-Leitungen installiert, die dieses »kostenlose« Nass nicht bloß zum Gartengießen nutzen, sondern auch für die Toilettenspülung. Große unterirdische Speicher, in denen das Regenwasser sogar vorgereinigt aufgefangen wird, liefern über Wochen das Nass von oben.

Karls Profitipps:

In großen Gärten und Parks wird in Gartenteichen (oft als »Löschteich« tituliert) der Regen aufgefangen. Damit schafft man ein schier unerschöpfliches Reservoir, das rund ums Jahr genutzt werden kann. In normalen Hausgärten wird dies kaum möglich sein, allerdings erzeugen selbst kleine Teiche schon ein Kleinklima, das durch höhere Luftfeuchtigkeit und Tau am Morgen die Pflanzen in der Umgebung mit ein wenig Feuchtigkeit versorgt. Gibt es eine natürliche Quelle im Garten, dann sollte man sie nicht direkt in einen Teich laufen lassen, sondern als kleinen Bachlauf durch den Garten führen. Damit erreicht man eine natürliche Bewässerung.

Gießkannen sind nicht nur Nutz-, sondern auch Zierobjekt. Die Blechkannen gehören bei mir zu den Sammelstücken.

Auch Pflanzen haben Hunger

Warum soll man im Garten düngen – in der Natur macht das doch auch niemand? Eine Frage die oft gestellt wird, wenn Gartenfreunde ihre Pflanzenleidenschaft neu entdecken. Die Düngung infrage zu stellen ist ganz berechtigt, man geht aber im Garten von völlig unterschiedlichen Verhältnissen aus. Denken wir nur an den Gemüsebereich, wo auf wenigen Quadratmetern enorme Ernte erzielt werden soll – hier muss der Gartenliebhaber »füttern«.

Warum »organisch, biologisch« düngen?

Bei Biodünger werden nur jene Stoffe verwendet, die vom Bodenleben verarbeitet werden können. Diese Mikroorganismen sind es nämlich, die daraus jenen Dünger fertigen, den die Pflanzen benötigen. Hornspäne, als der traditionellste Biodünger, kann von den Pflanzen ohne Bodenleben zum Beispiel nicht verwertet werden.

Karls Profitipps

Ohne Bodenleben gibt's kein Wachstum! Sosehr die Menschheit meinte, man könne mit (chemischem) Kunstdünger die Natur überlisten – der tatsächliche Schatz dieser Erde sind die Milliarden von Mikroorganismen, die in der obersten Humusschicht leben. Eine Zahl gefällig? In einer Handvoll lebendiger Gartenerde befinden sich mehr Lebewesen (vom Wurm bis zum winzigen Lebewesen), als es auf der Erde Menschen gibt!

Daher sind der Schutz des Bodens und das Gärtnern **mit der Natur** und **nicht gegen** sie die wichtigsten Maßnahmen. Dazu gehört auch die sanfte, naturgemäße Düngung.

Wer organisch düngt, baut Bodenleben auf. Hornspäne gehören zu den besten Düngern, die man verwenden kann. Außerdem wirken sie längerfristig.

MACH ES SO

Organische Dünger sind die umweltfreundlichsten Dünger, denn die Nährstoffe, die in ihnen enthalten sind, werden kaum ausgeschwemmt. Das Bodenleben bindet die Stoffe und gibt sie erst frei, wenn die Faserwurzeln zu »knabbern« beginnen. Mit diesen Düngern gibt es praktisch kein Verbrennen.

SO NICHT

Kunstdünger liefern die Nährstoffe in genau jener Form, in der die Pflanzen sie benötigen. Fast wie bei einer Astronautennahrung. Die zarten Triebe beginnen stark zu wachsen und sind anfällig für Krankheiten und ein Leckerbissen für Schädlinge.

Sieben Tipps fürs richtige Düngen

1. Nur **organische Dünger** verwenden – sie bauen Boden auf und unterstützen Regenwurm & Co. Damit ist der Boden voller Leben.
2. Immer dann düngen, wenn die **Pflanze im Wachstum** sind. Gewächse ohne Laub benötigen keinen Dünger.
3. **Düngergaben** auf zwei bis drei Mal **aufteilen**. Rasen düngt man beispielsweise im Frühjahr, im Sommer und im Frühherbst.
4. **Bester Zeitpunkt** ist das zeitige Frühjahr, wenn die Knospen schwellen – dann holt die Pflanze die Nährstoffe aus dem Boden.
5. Ohne Wasser kann keine Pflanze den Dünger aufnehmen – daher gleichmäßig **feucht halten**.
6. **Mulchen** schützt nicht nur den Boden, es bereitet für die Bodenlebewesen auch die idealen Bedingungen für aktives Leben.
7. Auch organische Dünger **nicht überdosieren** – die Pflanzen benötigen nur eine bestimmte Menge an Dünger, der Rest geht zwar nicht verloren, ist aber vergeudet.

Der wichtigste Biodünger

Die absolute Nummer eins bei den Düngern im biologischen Gartenbau sind die Hornspäne. Sie werden aus den Klauen und Hörnern der Rinder hergestellt und enthalten den wichtigsten Pflanzennährstoff: Stickstoff. Es gibt sie in geschroteter, gemahlener und fein pulverisierter Form. Je gröber, desto länger hält die Düngewirkung an; je feiner, desto rascher können die Mikroorganismen die Stoffe so aufbereiten, dass die Pflanzen sie verarbeiten können.

Experimentieren gefragt

»Rein pflanzlich«, »Ohne Mineraldünger«, »Aus Kaffee« … die Liste der Attribute auf Biodüngern ließe sich endlos fortsetzen, denn biologisch Düngen ist mittlerweile für viele Standard. Genaue gesetzliche Regelungen gibt es nicht wirklich, daher heißt es ein wenig ausprobieren und im Zweifel auf die bewährten Grundstoffe setzen: Kompost, Hornspäne, Urgesteinsmehl.

Düngen wie früher

Seit einigen Jahren sind sogenannte pelletierte Dünger im Handel: Kuh-, Pferde- und sogar Schafmist wird in dieser Form angeboten. Damit versorgt man die Beete nicht nur mit Nährstoffen, sondern auch mit Humus.

Karl meint:
Wichtigster Dünger im Garten **ist der Kompost.** Er enthält im Prinzip alle Stoffe, die die Pflanzen zum Wachsen benötigen. Und: Er entsteht kostenlos im eigenen Garten!

Schneidige Zeiten

Die Schere gehört zu den wichtigsten Gartengeräten – nicht unbedingt in den ersten Jahren, doch kaum kommt der Garten in die Jahre, heißt es schnipp, schnipp … Doch wo? Und wie viel? Und wann?

Vom richtigen Zeitpunkt!

Geschnitten wird üblicherweise dann, wenn die Pflanzen ruhen, also im Winter. Konkret im Spätwinter, an einem frostfreien Tag. Das gilt insbesondere für alle Obstgehölze. Rosen werden immer im Frühling geschnitten. Die Faustregel: »Wenn die Forsythie blüht.« Alle Blütengehölze, die im Frühjahr blühen (Forsythie, Flieder & Co.) werden gleich nach der Blüte geschnitten, weil man ja im Winter die schon angesetzten Blüten wegschneiden würde. Laubhecken werden im Prinzip zur Sommersonnenwende geschnitten. Allerdings nie bei sengender Hitze (die frei geschnittenen Blätter würden verbrennen) oder bei starkem Regen (Gefahr der Pilzinfektion). Buchs und Eibe kann man aber auch vom Frühjahr (April bis August – »von ›A‹ bis ›A‹) schneiden.

Nicht zu radikal

In den meisten Fällen gilt: Je mehr man schneidet, desto stärker wächst das Gehölz. Dies gilt insbesondere bei den Obstbäumen. Die Regel daher: Nie mehr als ein Drittel der Äste herausschneiden und einen Trieb nie mehr als ein Drittel kürzen.
Damit Gehölze vital bleiben (z. B. Johannisbeeren) werden bei älteren Sträuchern zwei bis drei der 3–5-jährigen Triebe bodeneben herausgeschnitten.

Schnittpunkte

Wichtigste Regel beim Schneiden ist das genaue Platzieren des Schnitts. Es sollen niemals Stummeln zurückbleiben (die dann abtrocknen und Pilzkrankheiten Raum bieten). Andererseits sollte aber auch nie so knapp an einem anderen Trieb geschnitten werden, dass dieser vertrocknet.

Ideal ist es, wenn bei einem Schnitt die neue Wuchskraft »abgeleitet« wird, wie der Fachmann sagt. Schneidet man »irgendwo«, beginnt nämlich das Gehölz einen Besen zu treiben. Schneidet man knapp über einem Ast, dann geht die Kraft in diesen.

Unbedingt vermeiden

»Kugelschnitt« – ist sehr oft bei öffentlichen Wohnbauten zu sehen. Doch Forsythie, Flieder und viele andere Gehölze sind nicht für einen Formschnitt geeignet. Die Pflanzen würden mit der Zeit vergreisen, weil alles »Junge« beseitigt« wird. Formgehölze sind zum Beispiel Eibe und Buchs.
»Stummelschnitt« – Bäume, die zu groß geworden sind, werden oft gekappt. Dieses »Köpfen« (bei Birken!) ist oft ein Sterben auf Raten, denn durch die großen Wunden kommen Pilze in das Holz und Fäulnis macht sich breit. Besser ist es, schon bei der Pflanzenauswahl auf klein bleibende Gehölze zu achten und große Bäume komplett zu ersetzen.

Radikal, aber richtig!

Kopfweiden behalten nur dann die typische Form, wenn sie zumindest alle 2–3 Jahre komplett zurückgeschnitten werden. Wildgehölze (Haselnuss, Kornelkirsche, Weide etc.) alle paar Jahre komplett zurückschneiden (»auf den Stock setzen«), damit treibt der Stock wieder vital von unten aus.

Karl meint:
Schneiden ist eine wichtige Maßnahme, aber sie sollte nicht willkürlich stattfinden. **Kräftig schneiden,** wo und wann es notwendig ist, und nicht bloß ständig »schnipseln« – das ist die Devise

MACH ES SO

Eine scharfe Schere ist das Um und Auf für einen korrekten Schnitt. Daher sollte niemals das billigste Werkzeug gewählt werden. Baumscheren sollten leichtgängig sein und – als Tipp – sie sollten auch ein Blatt Papier schneiden, ohne es bloß einzuklemmen.

SO NICHT

Dickere Äste, die man nicht mit der Schere schneiden kann, werden mit einer Säge geschnitten, denn ausgefranstes, gespaltenes und zerrissenes Holz, das zurückbleibt, ist Versteck für Schädlinge und Pilze. Notfalls mit scharfem Messer nachschneiden.

Karls Profitipps

Die drei wichtigsten Schnittregeln, damit Bäume nicht nach dem Schnitt »explodieren«:

1. **Je stärker geschnitten** wird, desto stärker wächst die Pflanze. »Wassertriebe«, »Besentriebe« sind die Folge bei Bäumen.
2. **Je früher (im Jahr) geschnitten** wird, desto kräftiger der Austrieb. Die Kraft, die der Baum im Winter in Wurzeln und Rinde speichert, schießt dann in die verbleibenden Triebe.
3. **Je steiler ein Ast** ist, der zurückbleibt, desto intensiver der Wuchs. Waagrechte Äste, die man stehen lässt, bremsen das Wachstum und bilden z. B. beim Obst Fruchttriebe.

Buchs gehört zu den Formgehölzen und kann von April bis August geschnitten werden. Ganz wichtig, wie grundsätzlich beim Schnitt: Die Schere muss perfekt scharf sein.

Die Querschießer

Alles ist gepflanzt, gut gegossen und die Vorfreude auf Blüten und Früchte wächst! – Doch dann das unsanfte Erwachen: verkrüppelte Blätter, Läuse, Schnecken und andere unbekannte »Katastrophen«! Nicht verzweifeln, vieles ist harmloser, als man denkt. Oft genügen ein paar kleine Tricks.

Kein Gärtner kann in Frieden leben…

… wenn es Laus & Co. nicht gefällt. Da zieht man mit viel Liebe und Engagement die kleinen grünen Pflänzchen auf, gießt und schützt sie vor Kälte und Wind. Und kaum sind sie ausgepflanzt, da lauern schon die Querschießer. Manchmal ist es zum Verzweifeln, doch meist kommt man – mit ein wenig zeitlicher Distanz – drauf, dass man dies oder jenes nicht optimal gemacht hat. Ob Laus oder Maus, ob Schnecke oder Käfer, ob Mehltau oder Welke – fast immer zeigt sich: da wurde zu viel gedüngt, dort zu lange verhätschelt oder es wurden die unpassenden Pflanzen gesetzt.
Der Biogärtner, der »einfach genial gärtnern« will, sieht nicht nur das akute Problem, sondern achtet auf die Zusammenhänge.

Sechs Fragen, die der Gartenfreund sich dann stellen sollte:
1. Passt der **Boden**?
2. Ist die Erde ausreichend mit **Humus** versorgt?
3. Tritt keine **Staunässe** auf?
4. Ist die Pflanze einmal beim **Gießen** vergessen worden?
5. Habe ich ausreichend **gedüngt**?
6. Stehen die Pflanzen **zu dicht**?

Vorbeugen ist die beste Heilung

Das Verhindern von Schädlingen und Krankheiten beginnt lange bevor sie auftauchen. Denn beim naturgemäßen Gärtnern geht es immer ums Vorbeugen. Nur so kann man besonders sanft gegen die lästigen Besucher auftreten. Ja meist ist es dann sogar so, dass viele Probleme gar nicht mehr auftauchen.
Gerade in den ersten Jahren kann es passieren, dass »ein Garten regelrecht ausflippt«. Erde, die plötzlich mit Kompost versorgt wird, die organisch gedüngt wird, bekommt einen derartigen Impuls, dass viele Samen von Unkräutern zu keimen beginnen. So mancher Schädling erwacht und erst im Laufe der Zeit stellt sich das ein, was die Biogärtner »ökologischen Gleichgewicht« nennen.

Ich denke nur an die Blattläuse – für viele einer der lästigsten Schädlinge. So manche Pflanze landete schon nach einem stärkeren Befall in der Mülltonne – obwohl das ganz und gar nicht notwendig gewesen wäre.
Denn eines wird der aufmerksame Biogärtner bald entdecken. Wo viele Schädlinge sind, lassen die Nützlinge meist nicht lange auf sich warten. Kaum tauchen bei mir ein paar Blattläuse auf, lauern auch schon die Marienkäfer und die ersten Florfliegen stellen sich ein …

Sie gehören zu den Lieblingen in einem Garten – die Marienkäfer, die täglich Unmengen an Läusen vertilgen.

Karl meint:

Genau so geht man bei vielen Schädlingen vor – wir **»lassen bekämpfen«**!
Das ist das Grundprinzip des naturgemäßen Gärtners

Die hungrigsten Besucher

Wenn man so will, gibt es ein paar Schädlinge, die haben es in sich – kaum entdeckt man sie, überrollt schon eine ganze Lawine den Garten. Auch wenn einem angst und bang wird – nicht in Panik geraten und mit »Kanonen schießen«. Besser ein wenig überlegen, die Lage analysieren und dann Schritt für Schritt vorgehen. Auch wenn es schwerfällt…

Die Invasion der Schnecken

Ob braun, schwarz oder genetzt – Nacktschnecken leisten volle Arbeit. Oft verschwinden Gurken, Zucchini oder Studentenblumen über Nacht und der Frust ist groß. Nützlinge fördern (siehe Kasten), Schnecken absammeln und vernichten ist das eine.
Es gibt aber auch eine Bio-Bekämpfung – als Helfer in der Not. Der Wirkstoff Eisenphosphat, ein Stoff, der eigentlich ohnehin in jedem Gartenboden vorkommt, war der Schlüssel zum Erfolg. Kombiniert mit Kleie lockt dieses Schneckenkorn (z.B. »Ferramol« oder »Biomol«) die Tiere an. Das Mittel breitwürfig ausstreuen, am besten vor einem Regen. Knabbert eine Schnecke an diesem Schneckenkorn, so stellt sie sofort das Fressen ein und zieht sich in die Erdritzen zurück, wo sie normalerweise den Tag verbringt. Nach kurzer Zeit verendet die Schnecke im Erdversteck. Daher sind auch keine toten Tiere oder Schleimspuren zu finden – bei starkem Befall eine angenehme Nebenwirkung. Vor allem im zeitigen Frühjahr hat sich dieses Mittel bewährt.

Schnecken – die Vermehrung!
Die **Nacktschnecke** sorgt für gewaltigen Nachwuchs. Bis zu **400 Eier** legt ein einziges Tier

Schnecken sind ein Riesenproblem im Garten, das man aber mit der Zeit durch Nützlinge in den Griff bekommt.

Karls Profitipps

Es gibt zahlreiche natürliche Gegner der Schnecken. Mit naturnaher Gartengestaltung kann man Unterschlupf für die Gegenspieler der Schnecken schaffen: **Kröten und Ringelnattern** leben bei mir im Teich, **Salamander** in der Trockenmauer und **Laufkäfer** verstecken sich in der Laubdecke, die unter der Hecke liegen bleibt. Nur dort überleben diese großen schwarzen Käfer, die sowohl die Eier als auch kleine Schnecken vernichten.
Beim Komposthaufen gibt es zahlreiche **Blindschleichen** und dort fühlt sich auch mein »Haustier« sehr wohl – der **Igel**. Er lebt in einem Laubhaufen, in dem er sich tagsüber verstecken kann. Am Abend marschiert er dann aus und vertilgt vor allem die winzig kleinen Schnecken und Schneckeneier.

Je stärker sich ein **Schädling** ausbreitet, desto eher wird er von **Krankheiten** heimgesucht und damit auf natürliche Weise dezimiert

Lausige Zeiten

Ob grün, braun, grau oder gar rötlich – Blattläuse gibt es offenbar in allen Farbschattierungen und sie vermehren sich manchmal enorm. Doch bevor Panik aufkommt: Wer mit der Natur gärtnert und nicht gegen die Natur, der hat sehr rasch auch die Feinde der Läuse im Garten – Vögel, Marienkäfer, Florfliegen, Schwebfliegen und Ohrwürmer. Sie alle haben die Blattläuse zum Fressen gern.

Es ist nicht jedermanns Sache, aber am einfachsten ist es, die Läuse einfach abzustreifen – mit Daumen und Zeigfinger! Wem ekelt, der nimmt Einweghandschuhe oder verwendet zwei alte Zahnbürsten. Zwischen den gegeneinander gerichteten Borsten kann man die Triebe von den Läusen wunderbar reinigen. Gut funktioniert auch die kräftige Düse eines Gartenschlauchs. Damit wäscht man einen Großteil der Tierchen ab. Ist es sonnig, dann vertrocknen die abgewaschenen Läuse zum Großteil auf dem Terrassenpflaster.

Wühlmaus – unfassbar gefräßig

So mancher Gärtner ist dem Verzweifeln nahe: Heute noch ein schöner Rasen – und morgen eine Mondlandschaft. Manchmal leisten die Wühlmäuse Schwerstarbeit und dem Gärtner stehen die Schweißtropfen auf der Stirn. Was tun? Vergrämen! Durch Holunderblattjauche, die man in die Gänge gießt. Durch Fischköpfe, die man vergräbt oder (als neuesten Trick) durch die totale »Stinkbombe«: die extrem übel riechende Buttersäure. Ein paar Tropfen auf einen Wattebausch, den man zuvor in den Gang gesteckt hat.

MACH ES SO

Das beste Hausmittel gegen Läuse: Ein Esslöffel Schmierseife in einem Liter heißem Wasser auflösen, auskühlen lassen und einen Spritzer Spiritus als Netzmittel dazugeben. Direkt auf die befallenen Stellen sprühen. Nur dort, wo die Seifenlauge die Läuse wirklich erwischt, gehen sie zugrunde.

SO NICHT

Viele (chemische) Lausspritzmittel vernichten auch die Nützlinge. So hat man zwar mit einem Schlag alle Läuse beseitigt, doch auch die »Gegner« sind verschwunden. Nun beginnt der Kreislauf des Schreckens erneut – die Läuse rappeln sich rasch wieder hoch. Und weil keine Gegner mehr da sind, wieder im Übermaß.

Nie zu sehen, richten aber großen Schaden an: Wühlmäuse gehören zu den gefräßigsten Tierchen im Garten.

Ameisen – richtig lästig

Ameisen nenne ich »Lästlinge«, denn vielerorts sind sie extrem wichtig – zum Beispiel im Wald. Doch auf Terrasse, Gemüsebeet oder Rasen? Darüber hinaus nutzen Ameisen den von den Blattläusen abgegebenen Honigtau als Nahrung (Ameisen »melken« sie) und schützen im Gegenzug die Blattlauskolonien. Daher ist Vergrämen angesagt – z. B. mit Zimtpulver. Das mögen die Tierchen ganz und gar nicht. Oder mit Zitrusschalen, die ich einige Tage im Wasser vergären lasse. Die Brühe auf den Bau gießen, nach zwei, drei Tagen sind sie weg.

Neues »Daheim«: ein Tontopf

Einen größeren Tonblumentopf (12–14 cm) stellt man verkehrt (Loch nach oben) auf einen Ameisenbau. Die Tierchen bauen rasch darin ihr Zuhause. Mit einer Schaufel kann man sie dann mit dem Topf leicht umsiedeln.

Karls Profitipps

Einige häufige und lästige Schädlinge sind zum Beispiel: **Schildläuse**. Sie lassen sich mit ölhaltigen Präparaten bekämpfen. Bei geringem Befall die Schildläuse mit einer alten Zahnbürste mehrmals abkratzen. Die **Rosenblattrollwespe** ist ein Schädling, der sich in Rosenblättern einnistet. Als Schutz für ihre Larven sondert sie ein Hormon ab, durch das sich das Rosenblatt einrollt – allerdings sitzt meist nur in jedem dritten gerollten Blatt ein Larve. So täuscht sie die Feinde. Sehr weit verbreitet ist die **Spinnmilbe** – sie tritt immer dann auf, wenn die Luft sehr trocken ist. Daher mit reinem Wasser übersprühen und Ölpräparate spritzen.

Dünne Gemüseschutznetze sind ideal bei Kohlgemüse. Damit kommt der Kohlweißling nicht an die Pflanzen.

MACH ES SO

Die **Weiße Fliege** legt an der Unterseite von Blättern ihre Eier ab – besonders bei Tomaten, Gurken und Fuchsien. Im Glashaus kann sie sich explosionsartig vermehren. Sofort mit Gelbtafeln und Gelbsticker die Schädlinge abfangen. Im Notfall nützlingsschonende Biospritzmittel anwenden oder Nützlinge (*Encarsia formosa* – Schlupfwespen) einsetzen. Oder: aufscheuchen und mit dem Staubsauger beseitigen.

SO NICHT

Bei vielen Schädlingen kann ein »Morgen werde ich das erledigen!« das endgültige Scheitern bedeuten. Heute ein paar Dutzend – morgen ganze Schwärme!

Sechs besonders gefräßige Schädlinge

1. **Kirschfruchtfliege**
Es gibt Jahre, da sind die Kirschen voller Würmer – immer dann, wenn es zum Zeitpunkt des »Gelbwerdens« der Früchte besonders schön war. Zu dieser Zeit fliegt die Kirschfruchtfliege und sucht die (von grün) auf gelb färbenden Kirschen und legt die Eier ab. Daher hängt man bei kleinen Bäumen sogenannte Gelbtafeln (ungiftige gelbe Tafeln) in die Baumkronen, auf die die Käfer fliegen, kleben bleiben und zugrunde gehen.

2. **Mai- und Junikäfer**
Je nach Region gibt es Massenbefall – oder gar keine Probleme. Fallen mit Gelbtafeln und Lockmittel sind eine wirksame Methode. Manchmal hilft auch tief gehendes Vertikutieren, denn im Rasen sind die Engerlinge zu finden.

3. **Maulwurfsgrille**
Besonders gefräßiger Schädling, der in manchen Gärten einen Riesenschaden anrichtet. Fallen (Gläser bodeneben eingraben) und Nematoden (wie beim Dickmaulrüssler) sind wirksam.

4. **Thripse – Blasenfüße**
Sie kommen vorwiegend im Gemüsebau und Zierpflanzenbereich vor. Saugen das Pflanzengewebe aus, die Blätter bekommen ein silbriges Erscheinungsbild: Später sind oft auch Flecken und Streifen zu sehen. Die Blätter werden braun und trocknen ein. Gemüseflächen mit Mulch versehen. Das fördert die Bodenlebewesen und Nützlinge.

5. **Wurzellaus**
Sie kommt hauptsächlich bei Salatarten vor. Zu erkennen an dem mehligen Erscheinungsbild an Wurzelschöpfen. Dies sind Wachsausscheidungen und die Pflanzen vergilben. Im Herbst treten geflügelte Exemplare auf, die in Pappeln fliegen und dort überwintern. Den Boden bei gefährdeten Salatkulturen mit Rainfarn mulchen und immer gut feucht halten – Läuse lieben es trocken. Zwischen den Salat gepflanzte Duftpflanzen wie Dill, Bohnenkraut etc. halten die Läuse von den Kulturen fern.

6. **Napfschildlaus**
Sie ist erst Ende der 1990er-Jahre in Europa aufgetaucht und breitet sich nun enorm aus. Oft werden innerhalb weniger Wochen Bäume mit einem »wolligen« Filz an Stamm, Ästen und Blattunterseiten überzogen. Abwaschen mit einem sanften Strahl des Hochdruckreinigers ist als akute Bekämpfung möglich, ölhaltige Winterspritzungen (bei Obstbäumen, Hortensien) reduzieren die Nachkommen.

Karl meint:

Die Zukunft der **biologischen, ungiftigen** Schädlingsbekämpfung sind das Fördern der **Nützlinge** durch **naturnahes Gärtnern** und das Bekämpfen mit für den Menschen ungefährlichen **Nematoden**

Die lästigsten Besucher

Es gibt Schädlinge, die machen den Pflanzen mit einem Schlag den Garaus. Andere kommen zwar auch oft in Massen, quälen aber mehr die Gartenfreunde – sie fressen Blätter an, knabbern an den Wurzeln oder tauchen trotz Gegenmaßnahmen immer wieder auf – und das in großer Anzahl.

Der lästige »Rüsselkäfer«

Der **Dickmaulrüssler** ist sicherlich ein sehr lästiger, aber auch gefährlicher Schädling, der sich gerade in den letzten Jahren ziemlich rasant ausgebreitet hat. Sichtbare Schäden sind Fraßstellen an den Blatträndern von Rhododendren, Kirschlorbeer, Kamelien u. v. a. Beste Bekämpfung: Nützlinge! Sogenannte Nematoden werden im Frühjahr und Herbst mit der Gießkanne ausgebracht, denn die Larven leben im Boden und fressen die Wurzeln an. Oft so stark, dass ein großer Rhododendron sogar kaputtgeht. Die Nematoden sind natürliche Feinde – für Menschen aber völlig ungefährlich.

»Newcomer« mit fataler Wirkung

Der **Buchsbaumzünsler** ist erst seit wenigen Jahren ein Sorgenkind, das sich in Europa von Ost nach West ausbreitet und den Buchs innerhalb von wenigen Tagen kahl frisst. Biologisch gibt es nur das Mittel »Xentari« *(Bacillus thuringiensis* subsp. *aizawai)*, das die Raupen bei direktem Kontakt vernichtet. Mehrmals anwenden – da alle 3–5 Wochen eine neue Generation schlüpft. Die Raupen leben im Inneren der Buchsbäume und fressen zunächst Blätter, später dann die Rinde. Die äußeren Blätter bleiben erhalten, sterben aber dann auf einen Schlag ab. Schmetterlinge in der Größe von 1,5 cm schlüpfen nach einigen Wochen aus den Puppen und legen Hunderte Eier ab – der Kreislauf des Schreckens geht weiter. Natürliche Feinde haben diese eingeschleppten Tiere keine.

Noch ein neuer »Gast«

Der **Asiatische Marienkäfer,** auch »Harlekin-Marienkäfer« genannt, taucht seit dem Jahr 2000 auf – in unterschiedlichen Gegenden und in sehr unterschiedlicher Anzahl. Die Marienkäfer, die als Nützlinge in den Gewächshäusern ausgesetzt wurden, erwiesen sich als winterfest und vermehren sich kräftig. Sie fressen große Mengen an Blattläusen, sind aber manchmal lästig, wenn sie in Fensterritzen (vor allem bei Häusern mit gelben Fassaden – so wie die Lehmwände in der Heimat) ein Winterquartier suchen. Oft fallen beim Öffnen eines Fensterflügels einige Dutzend der Tiere auf die Fensterbank. Bekämpfen muss man sie nicht. Sie sind eher lästig, als Blattlausjäger nützlich – ob wirklich schädlich, muss sich erst herausstellen.

Rosen in der Schädlingszange

Blattläuse sind die einen – aber es gibt noch einige andere: Zum Beispiel die **Rosenblattrollwespe** (siehe Seite 134) und den **Rosentriebbohrer.** Und da gibt es gleich zwei – den Absteigenden Rosentriebbohrer und den – wie könnte es anders sein – Aufsteigenden Rosentriebbohrer. Lästiger ist der Absteigende, denn er bringt den Trieb (samt Blüte) zum Absterben. Taucht also ein welker Trieb auf, sofort abschneiden. Und zwar so weit, dass kein Loch im Trieb mehr zu sehen ist.

Beim Aufsteigenden Rosentriebbohrer bleibt der Trieb meist grün, beginnt sogar zu blühen, kümmert aber. Auch hier ist ein Rückschnitt am besten – die abgeschnittenen Teile in beiden Fällen nicht im Kompost entsorgen.

Karl meint:

Gerade **Rosen** werden von Schädlingen oft regelrecht »massakriert«. Aber: Passen **Standort** und **Sorte,** wird richtig **gedüngt** und **geschnitten,** wachsen sich die meisten Rosen **ohne Zutun** gesund

MACH ES SO

Regionaltypische Pflanzen, die mit dem Klima zurechtkommen, gedeihen wesentlich besser und bleiben auch von Krankheiten und Schädlingen verschont. Viele Pflanzen entwickeln Abwehrmechanismen, die eine langfristige Bekämpfung unnötig machen. Unterstützen kann man durch sanfte Düngung, Kräutertees und -brühen. Besonders kräftigend wirken Nordalgen-Präparate und Spritzmittel mit EM (Effektiven Mikroorganismen).

SO NICHT

Mit Kanonen schießen bringt nur kurzfristigen Erfolg. Oft geht damit eine Schwächung der Nützlinge einher.

Karls Profitipps

Geduld und Gelassenheit sind gefragt! Ist an einem Tag Panik angesagt, weil die Rose voller Läuse ist oder ein Ameisenhaufen die Terrasse erobert hat – abwarten ...
Bei den Läusen gibt es so viele Feinde, dass es oft nur kurze Zeit dauert und das Problem gelöst ist. Und bei vielen anderen Tierchen (wie den Ameisen) genügt es, wenn man sie immer wieder vergrämt. Plötzlich sind sie weg, denn Zimt mögen sie nicht – und uns tut er nichts. Genau das muss man lernen, auch wenn es schwerfällt. Zum Glück habe ich oft nicht sofort Zeit – gehe ich dann wieder in den Garten, ist das Problem gelöst. Von selbst.

Natürlicher Pflanzenschutz: Ein umgestülpter Tontopf mit Holzwolle ist das Zuhause für Ohrwürmer, die Lausjäger.

Krankheiten, auf die man verzichten könnte

Grau in grau steht er da, wie ein alter Herr. Dabei sollte er saftig grüne Blätter und herrliche Blüten haben und blühen sollte er, dass es nur so kracht. Doch was macht der Phlox? Ab Mitte Juni beginnt es und kaum öffnen sich die ersten Blüten, ist es um ihn schon geschehen. Nicht nur dieser Sommerschönheit geht's so. Auch Rosen, Gurken, Zucchini, ja sogar die Surfinien im Blumenkasten bleiben nicht verschont.

Mehltau lässt uns graue Haare wachsen

Herrliche Pflanzen im Frühjahr, saftige grüne Blätter noch zu Sommerbeginn und dann… Mehltau gehört zu den häufigsten Pflanzenkrankheiten. Dabei gibt es nicht »den« Mehltau, sondern es sind viele verschiedene. Das soll uns aber nicht beschäftigen, denn eines ist allen gleich: Entweder wurde zu viel (mit Stickstoff) gedüngt, oder zu wenig. Und es steht die falsche Pflanze am falschen Platz.

Düngen – mit sanft wirkenden Biodüngern – ist der erste Schritt, kein zu heißer und zu trockener Standort (beim Phlox zum Beispiel) ist der nächste. Surfinien im Kasten oder auch im Beet bekommen dann den Mehltau, wenn sie ab August auf Hungerkur gesetzt werden. Dann beginnt die Pflanze zu schwächeln und die Mehltaupilze fallen über sie her. Stärken kann man mit Schachtelhalmextrakt, Nordalgen und sehr gute Erfolge erzielen viele mit Effektiven Mikroorganismen (EM) — bei all diesen Mitteln vor allem vorbeugend.

Mehltau – ein »Schnupfen«

Diese Krankheit ist nicht gleich der Weltuntergang – Pflege **ändern** und **stärken**. Das reicht

Bei Pilzkrankheiten gilt: Vorbeugen ist der beste Weg und bei Bedarf Blätter stärken mit Schachtelhalmextrakt.

MACH ES SO

Als Unkraut treibt es dem Gärtner die Zornesröte ins Gesicht – das Zinnkraut (»Katzenschwanz«, »Ackerschachtelhalm«). Die Pflanze ist durch ihre pilzbekämpfende Kieselsäure, die in dieser Pflanze enthalten ist, bekannt. Einen Eimer zur Hälfte mit geschnittenen Pflanzenteilen füllen – etwa 24 Stunden in 10 Liter Wasser ziehen lassen. Die Brühe dann 45 Minuten köcheln, abgeseiht 1:5 verdünnen und immer wieder die Blätter übersprühen. Hilft gegen alle Pilzarten.

SO NICHT

Niemals Spritzmittel bei vollem Sonnenschein verwenden. Das würde die Blätter noch mehr schädigen und Krankheiten verstärkt begünstigen.

Krankheiten, auf die man verzichten könnte | **139**

»Krankheiten bei Pflanzen« – bei Google kommen mehr als **2,3 Millionen** Ergebnisse!

Schrotschusskrankheit

Der Name klingt gefährlich, doch er ist nicht so unrichtig. Denn die Blätter von Kirschbaum und Kirschlorbeer sehen nach einem Befall aus, als ob sie von Schrotkörnern durchlöchert wären. Viele vermuten hier immer einen (fressenden) Schädling, tatsächlich aber ist es ein Pilz, gegen den sich die Pflanze wehrt. Sie bekämpft ihn, indem sie den kleinen befallenen Teil abstößt – zurück bleibt das Loch. Wie bei allen Pilzerkrankungen gilt es vorzubeugen: Schachtelhalmtee und EM sind wirkungsvoll und stärken das Blatt.

Da kräuselt der Pfirsich

Die Kräuselkrankheit tritt bei allen Pfirsichen und Nektarien auf: Blätter wölben und kräuseln sich, später verfärben sie sich rot, um kurz darauf abzufallen. Je feuchter es ist, desto stärker die Ausbreitung. Daher den Baum an die Hauswand setzen und vorbeugen! Winterspritzungen mit Schachtelhalm- und Rainfarntee nach Beendigung des Laubfalls. Bei Austrieb der Knospen wiederholen.

Weitverbreitet – der Schorf

Eine häufige Pilzerkrankung bei Obstbäumen! Die Pilzsporen überwintern auf den Bäumen und auf abgefallenen Blättern. Zuerst erscheinen Flecken auf den Blättern, später auch an den Früchten, die faulig werden. Früchte regelmäßig entfernen, nicht auf den Kompost geben. Resistente Sorten pflanzen, winddurchlässige Standorte wählen, Baumscheiben pflegen, mit pilzabwehrenden Brühen gießen und spritzen.

Karls Profitipps

Es gibt schon einige Krankheiten, die besonders hartnäckig und schwer zu bekämpfen sind. Vor allem dann, wenn auch die Witterung nicht mitspielt. Die **Kraut- und Braunfäule** bei den Tomaten (und Kartoffeln) gehört dazu. Einziger Schutz: ein Dach über die Tomaten, dann gibt's keine Feuchtigkeit an den Blättern und keine Krautfäule. Oder der **Sternrußtau** bei den Rosen: Wenn die Pflanzen Ende Juni entlaubt dastehen, dann ist es zu spät. Kräftig im Frühjahr schneiden, vorbeugend die Blätter mit Ackerschachtelhalm stärken und ganz zu Beginn schon beim Pflanzen an die robusten Sorten denken. Gleiches gilt für den **Rosenrost**. Die braunen Flecken treten immer dann auf, wenn die Pflanze lange nicht abtrocknet – also luftig pflanzen.

Damit die Kraut- und Braunfäule keine Chance hat, sollten die Tomatenstauden vor Regen geschützt werden.

Alles Wichtige zum Schluss

Die **Grundlagen** sind studiert – jetzt geht's ans Graben und Pflanzen. Da ein Stück Rasen, dort ein Blumenbeet. Wie wäre es mit einem bequemen Hochbeet? Oder einem kleinen Teich mit einem Bachlauf? Alles **viel problemloser,** als man denkt!

Ein Garten ist wie eine Wohnung!

Da ein Teppich, dort ein Vorhang. Wie wäre es mit einem Bild und einer Stehlampe? Nein – sie sind nicht im falschen Buch gelandet. Das Gestalten eines Gartens ist wie das Einrichten eines Zimmers. Das Haus ist gebaut, der Zaun steht und der Garten ist in seinen Grundzügen fertig. Nun wird »dekoriert« – mit Rasen, Beeten, Bachlauf und natürlich vielen Blüten.

Planen von Anfang an

Das Wichtigste ist ein Plan – so wie beim Wohnhaus. Dort ist auch festgelegt, wo Bad, Küche und Schlafzimmer liegen. Genau so sollte man auch beim Garten vorgehen. Allerdings mit der Einschränkung, dass die Sonne »ein Wörtchen mitzureden hat«. Denn jede Pflanze hat – wie wir schon gehört haben – andere Ansprüche und das gilt natürlich auch für die verschiedenen Elemente eines Gartens:

- **Für einen Sonnenplatz:** Gemüsegarten, Kräuterbeete, Hochbeete, Rosengarten, Sommerblumenbeete, Kiesgärten, Beerengarten.
- **Für einen Platz im Halbschatten** (nur Vormittags- oder nur Nachmittagssonne): Teich, Bachlauf, Staudenbeete, Kräuter, Rhododendren.
- **Der tiefe Schatten:** Solch eine Problemzone eignet sich ideal für Bodendecker, Farne oder Blumenzwiebel.

Wer die Chance hat, ein ganzes Jahr lang das Gelände zu beobachten, wird feststellen, dass sich im Jahreslauf der Sonnenstand und damit die Lichtverhältnisse im Garten gewaltig ändern. Im Sommer noch einen Sonnenplatz – im Frühjahr und Herbst aber tiefer Schatten.
Kommen wir zurück zum Vergleich mit der Wohnung. Auch dort wird man von Zeit zu Zeit umgestalten – da eine neue Wandfarbe, dort ein neuer Teppich… Genauso geht es auch im Garten: da ein kleiner Quellstein, dort ein mediterranes Kiesbeet. Genau das macht das Gärtnern so interessant.

Vor allem weil oft mit ganz wenig Aufwand ein ganz neuer Effekt erzielt werden kann. Wenn zum Beispiel am Ende statt einem Stück Rasen eine blühende Blumenwiese zwischen den Obstbäumen erstrahlt, wird es richtig spannend, den Garten zu gestalten.
Dass das alles viel leichter geht, als mancher meint, sollen die nächsten Seiten zeigen, auf denen Sie die »großen Gartenprojekte« kennenlernen. Einfach loslegen und schon beginnt der Spaß am »Garteln«, wie ich immer sage.

Sitzplätze an den unterschiedlichsten Stellen machen den Garten zur Wohnung im Grünen – zu jeder Tageszeit.

Karl meint:

Wählt man den **richtigen Standort**, wächst alles viel problemloser und kräftiger – damit wird die Arbeit weniger und die **Freude** größer

Kein Garten ohne Rasen

Rasen ist nicht jene Fläche, die übrig bleibt, wenn gepflastert ist und die Blumenbeete angelegt werden. Der Rasen hat im Garten eine ganz wichtige Funktion – gestalterisch und in der Nutzung.

Boden unbedingt vorbereiten

Nur wer den Boden gut vorbereitet (wie bei einem Blumenbeet), der wird über Jahre hinweg einen schönen dichten und weitgehend unkrautfreien Rasen bekommen. Daher: Erde tiefgründig lockern, Kompost und Sand einfräsen und säen. Dann jede Woche mähen – nicht zu kurz, sonst kommt Unkraut. Und ganz wichtig: DÜNGEN! Im Frühjahr, im Juli und Mitte bis Ende September wird der Rasen mit organischem Dünger versorgt. Damit stärkt man die Gräser und sie können – ganz ohne Gift – die Unkräuter unterdrücken.

Karls Profitipps

Gras ist nicht gleich Gras. **Billigsaatgut** wird auch nach Jahren nicht zum perfekten Rasen. Millionen von Euro werden alljährlich von den Rasenforschungsinstituten investiert, um jene Rasenpflanzen zu finden, die kompakt, aber nicht zu stark wachsen, die die perfekte Grünfärbung haben und noch dazu gesund bleiben.

Grundsätzlich sollte man aber zwischen einem reinen **Parkrasen** (zum Anschauen) und einem **Gebrauchsrasen** (zum Benutzen) unterscheiden. Der eine wächst dicht und zart, der andere bildet regelrechte Polster und ist robuster. Aber für alle gilt, wie leider so oft: Gutes Rasensaatgut ist teuer.

Blumenbeete gehören genauso zum Garten wie ein Stück Rasen. Damit dieser so kräftig und gesund wächst, muss er immer wieder gedüngt werden.

MACH ES SO

Ein Rasen wird ganz einfach zur Frühlingsblumenwiese. Zwiebelblumen, wie Krokusse, Schneeglöckchen, Narzissen, und sogar Zierlauch im Herbst in den Rasen setzen. Dafür einen »Rasenziegel« ausstechen und die Erde darunter lockern, mit Hornspänen versehen, die Zwiebel pflanzen und dann das Rasenstück wieder drauflegen und festtreten.

SO NICHT

Nach dem Abblühen die grünen Blätter nicht abmähen, sondern so lange stehen lassen, bis sie gelb geworden sind. Nur dann gibt es im kommenden Jahr Blüten.

Die fünf häufigsten Rasen-Irrtümer

1. Rasen wächst überall

Nein, im tiefen Schatten oder dort, wo der Boden staunass und verdichtet ist, wächst der Rasen nicht. Selbst wenn man spezielle Schattenrasenmischungen aussät, wird man nur bedingt Erfolg haben. Der wirklich schöne Rasen ist und bleibt ein Sonnenkind auf humosem, durchlässigem Boden. Ist der Boden verdichtet, im Frühjahr Kompost und Quarzsand (1:1 bis 2:1) aufstreuen.

2. Rasen muss nicht gedüngt werden

Stimmt – allerdings hat man dann einen herrlichen Blumen- oder Kräuterrasen. Will man aber einen dichten Rasenteppich, dann muss gedüngt werden. Wichtig dabei ist die richtige Düngerwahl: keine rasch wirkenden Dünger verwenden, sondern Langzeit-Rasendünger.

3. Wer kurz mäht, hat einen schöneren Rasen

Genau das Gegenteil ist der Fall: Wer zu kurz mäht, gibt dem Unkraut mit Sicherheit die Oberhand. 3–4 cm hoch (etwa Stufe 3 beim Rasenmäher) sollte der Rasen allwöchentlich gemäht werden. Damit sind die zarten Graspflänzchen in der Lage das Unkraut zu unterdrücken.

4. Unkraut im Rasen ist schädlich

Das kann man so nicht sagen: Spricht der Naturgärtner, dann freut er sich über Löwenzahn, Gundelrebe und Co. Sie alle kann man in einen köstlichen Wildkräutersalat oder eine Wildkräuterbutter geben. Will man aber einen »puren« Rasen, dann muss man dagegen etwas unternehmen. Nach dem ersten Mähen vertikutieren, dann absanden (siehe 1.) und dann sofort düngen. Damit kräftigt man die Gräser, die dann die Unkräuter unterdrücken. Ist kaum Gras vorhanden, muss man neu säen.

5. Ohne Chemie kein schöner Rasen

Stimmt sicherlich nicht: Seit zwei Jahren pflege ich ein Stück meines Rasen ausschließlich mit organischem Rasendünger. Der Rasen ist derart perfekt, dass Gäste meinen, er sei erst kürzlich als Rollrasen verlegt worden. Das Geheimnis: 3 x Düngung im Frühjahr, im Sommer und – ganz wichtig – eine (kalibetonte) Herbstrasendüngung Ende September. Eine Neuheit: ein Rasen, der sich selbst düngt. Er ist mit »Mikro«-Klee gemischt, den man kaum sieht und der ab dem zweiten Jahr den Boden mit Stickstoff versorgt, so wie das der Klee generell tut. Soll demnächst in den Handel kommen.

Karl meint:

Rasen wird nur sehr mühsam zu einer richtig **schönen Blumenwiese.** Nur wer die oberste Humusschicht entfernt (Sand aufstreuen), kann eine blühende Wiese bekommen. Bei Fachfirmen das Saatgut ordern

Die Ernte kann beginnen: Im Hochbeet muss man sich gar nicht mehr bücken, um an die köstlichen Früchte zu kommen, sondern kann ganz bequem ernten.

Bequemer geht's nicht – das Hochbeet

Das Hochbeet ist mit Sicherheit das innovativste Beet und findet in den letzten Jahren immer mehr Freunde. Aus mehreren Gründen: Hier schont das Gärtnern den Rücken, die Pflanzen wachsen besonders kräftig und die Ernte beginnt durch die raschere Erwärmung des Bodens früher.

Vom Komposthaufen zum Beet

Die Idee, ein Beet in »Hüfthöhe« zu bauen, entstand beim Bepflanzen eines Komposthaufens mit Kürbissen schon vor einigen Jahren. Warum nicht auch ein Gartenbeet intensiver nutzen? Das »Hügelbeet« war geboren: unten grober Gehölzschnitt, darauf halbfertiger Kompost, dann reifer (also fertiger) Kompost und dann eine dicke Schicht Gartenerde. Auf diesem »Walm« wuchs das Gemüse gewaltig schnell und die Fläche wurde intensiv ausgenützt. Nach zwei, drei Jahren sank das Hügelbeet durch die Verrottung in sich zusammen und wurde neu angelegt.

Ein Rahmen für das Beet

Bei der Begrenzung ist die Palette beinahe unendlich: Holz (am besten Lärchenholz, Akazie oder Eiche), Ziegel (am besten doppelt gebrannt, also Klinker – nicht völlig dicht vermauert, sondern mit Luftschlitzen dazwischen), Kunststoff (gibt es bereits praktisch im Bausatz, hat aber eine begrenzte Lebensdauer) und schließlich Metall (von Edelstahl bis zum rostigen Eisen).

Karl meint:

Nichts bringt mehr Spaß in den Garten als ein **Hochbeet.** Knackiges Gemüse ziehen – und das ohne Rückenschmerzen

So entsteht das Hochbeet

1. **Lage:** Der sonnigste Platz ist – so wie für jedes andere Gemüsebeet auch – der beste Platz. Steht kein anderer Standort zur Verfügung, eignen sich aber auch halbschattige Bereiche.
2. **Größe:** Die hängt vor allem vom Platz ab, der zur Verfügung steht. Ideal ist eine Höhe zwischen 80 und 120 cm, eine maximale Breite von etwa 130 cm (so kann man von beiden Seiten problemlos zur Mitte greifen) und eine beliebige Länge. Ideal ist aber eine Dimension von 200 bis 250 cm – so kann man beim späteren Ausgraben des Beetes im Hochbeet stehen und schaufeln.
3. **Untergrund:** Der Rasen muss abgetragen werden, für Mauern müssen Streifenfundamente gebaut werden. Den Boden niemals betonieren (der direkte Zugang zum »Mutterboden« ist notwendig), aber gleich als Schutz vor Wühlmäusen ein engmaschiges Gitter einbauen.
4. **Aufbau:** Ganz unten kommt grober Gehölzschnitt hinein, dann darauf die umgedrehten Rasensoden (oder ein dicker Karton) und darauf grober, noch nicht fertiger Kompost. Enthält er sehr viele holzige Bestandteile, ein paar Handvoll Hornspäne einstreuen. Vorletzte Schicht ist reifer Kompost und darauf kommt Gartenerde. Durch diesen Aufbau entsteht Verrottungswärme, die vor allem im Frühjahr einen zeitigeren Anbau ermöglicht.
5. **Pflanzen:** Im ersten Jahr sollten Starkzehrer gesetzt werden: Gurken, Tomaten, Auberginen und, falls das Beet größer ist, noch Zucchini und Kürbis. Auch Zuckermais gedeiht prächtig. Im zweiten Jahr können dann Salate, Karotten und Radieschen gepflanzt werden. Besonders die Salate würden im ersten Jahr viele Nitrate einlagern, daher sollte man darauf zu Beginn verzichten.
6. **Pflege:** Im ersten Jahr ist – wie auch in den Folgejahren – ausreichendes Gießen das Um und Auf. Düngen braucht man nicht mehr. In den Folgejahren wird das Substrat, das sich sukzessive »setzt«, immer mit Kompost und Gartenerde aufgefüllt. Nach 3–5 Jahren wird das Hochbeet komplett ausgeräumt und neu gefüllt. Die ausgeräumte Erde ist hervorragend geeignet zur Bodenverbesserung im Ziergarten.

Karls Profitipps

Ein Hochbeet mit Abdeckung (Glas, Folie, Doppelstegplatte) ist ein ganz besonderes **Frühbeet**. Einerseits wird darin die Erde durch die Verrottung immer ein wenig erwärmt, andererseits wärmt die Sonne. Besonders für wärmebedürftige Pflanzen, wie Gurken, ist dieses Beet im Sommer ideal. Im Frühjahr kann man schon ab Anfang März Salat, Radieschen und Kräuter setzen. Die ersten Vitamine gibt's damit deutlich früher.

Macht man es »wie früher«, dann packt man als vorletzte Schicht frischen **Pferdemist** (anstelle des groben Kompostes) ins Hochbeet. Damit bekommt man eine perfekte **»Fußbodenheizung«**.

MACH ES SO

Der Start eines Hochbeetes erfolgt am besten in zwei Schritten. Der erste sollte im Herbst erfolgen. Nach dem Aufbau des Rahmens kann mit dem Gehölz- und Staudenschnitt, der am Ende des Gartenjahres meist in großen Mengen anfällt, die erste Lage aufgefüllt werden. Auch die Rasensoden (oder der Karton) werden noch im Herbst gemeinsam mit dem groben Kompost eingebracht. Der Rest allerdings (fertiger Kompost und Gartenerde) kommt im Frühjahr.

SO NICHT

Kompost sollte niemals im Herbst auf die Beete (auch nicht aufs Hochbeet) aufgebracht werden. Ein Großteil der Nährstoffe würde ausgewaschen werden.

Wasser zum Wohlfühlen

Nein, wir wollen hier nicht über Pools und Schwimmteiche plaudern! Hier geht's ums »schnelle« Nass. Ein kleines Biotop, ein Quellstein oder ein Minibach. Projekte, die rasch verwirklicht werden können, nicht viel Aufwand bedeuten und auch die Geldtasche kaum belasten.

Der »Sprudelstein«

Am Rand der Terrasse, bei einem Sitzplatz oder als Zentrum im Kräutergarten – da passt so ein Quellstein ganz hervorragend. Er schafft nicht nur eine angenehme Geräuschkulisse, das Wasser lädt so manchen Vogel zum Trinken ein, und auch die eine oder andere Biene holt sich hier einen Schluck Wasser.

Gebaut wird so eine Wasseroase ganz einfach: Ein Becken (Durchmesser von 50 cm bis zwei Meter und mehr) wird eingegraben. Mitgeliefert wird bei diesen Becken ein Deckel. Die Pumpe kommt in den Behälter, der Schlauch wird oben durch den Stein geführt, der auf diesem Plastikdeckel steht. Dann wird mit Zierkiesel rundherum das Plastik abgedeckt, mit Wasser aufgefüllt und – mit dem Einschalten des Stroms heißt es schon: »Wasser marsch.« Aus dem Stein sprudelt das Wasser, fließt an ihm entlang zurück in den Behälter und wird so im Kreislauf geführt. Einzige »Arbeit«: von Zeit zu Zeit das Wasser nachfüllen.

Ein kleines Biotop

Teiche müssen keine kleinen Seen sein, es genügen oft schon ein paar Quadratmeter Wasser und schon sind die Libellen da. Begleitet von Pflanzen, entsteht so eine kleine Naturoase, die über kurz oder lang auch von vielen Nützlingen, wie Ringelnattern (keine Angst – tun nichts!) oder Kröten (quaken nicht!), besucht wird. Beide sind ganz große Schneckenkiller.

Wichtig beim Anlegen eines Teiches: halbschattige Lage, an der tiefsten Stelle zumindest 50 cm und möglichst flache Ufer, von denen gut die Hälfte bepflanzt ist. Diese Pflanzen (Wasseriris, Teichsimse, Froschlöffel, Hechtkraut) sorgen für sauberes Wasser. Nur in groben Splitt setzen, keine Erde einbringen. Macht man das so, ist keinerlei Technik (Pumpen, Filter etc.) notwendig, um das Wasser sauber zu halten. Nur auf eines aufpassen: Bei kleinen Teichen niemals Schilf, Rohrkolben oder Tannenwedel setzen – der Teich würde innerhalb kürzester Zeit verlanden. Zum Auffüllen am besten Regenwasser verwenden. Kommt es zur Algenblüte, keine Panik – ein paar Tage abfischen, eventuell noch mit EM (Effektiven Mikroorganismen) behandeln, und sobald die Pflanzen stark wachsen, sind die Algen verschwunden.

Minibach für Aug und Ohr

Der Sprudelstein liefert schon Geräusche, ein kleiner Bach macht das in Perfektion. Es genügen oft schon zwei, drei Meter und die Natur ist im Garten daheim. Das Gefälle sollte nicht zu groß sein. Wenige Zentimeter genügen. Die mit Folie ausgelegte Rinne wird mit Steinen abgedeckt und ein großer Behälter (vergraben, wie beim Quellstein) mit der Bachpumpe bildet das Ende. Die Quelle könnte ein Sprudelstein sein, man kann aber auch den Pumpschlauch, der parallel zum Bachlauf in der Erde verlegt wird, zwischen zwei großen Steinen verstecken. Feiner Kies und grober Sand zwischen den Steinen decken die Folie gut ab, den Folienrand mit Pflanzen (Gräser, Frauenmantel, Efeu, aber auch Brunnenkresse und Sumpfdotterblumen) bepflanzen.

Karl meint:

Mit keinem anderen Gartenelement holt man schneller Natur in den Garten als mit einem **Bachlauf** oder einem kleinen Teich. Rasch sind viele nützliche Tiere da. Und ganz wichtig: Hier gibt's niemals Mücken!

Wasser zum Wohlfühlen | **149**

MACH ES SO

Heimische Teichfische, wie Moderlieschen, Bitterlinge oder Stichlinge, passen perfekt in ein etwas größeres Biotop. Es sollte so tief sein, dass es nicht komplett durchfriert, also mindestens 80 cm. Dann können die Tiere überleben, wenn man an einer Stelle einen Eisfreihalter im Wasser platziert.

SO NICHT

Goldfische sehen zwar niedlich aus, ein Biotop wird allerdings nie entstehen, denn diese Tiere fressen alle Nützlinge (Kaulquappen von Molchen und Kröten) und verursachen durch die Ausscheidungen ein extremes Algenwachstum.

Karls Profitipps

Oft sind »junge« Teichbesitzer verzweifelt, wenn die ersten **Algenteppiche** sich breitmachen. Doch ein wenig Geduld wird zeigen, dass die Natur bald reagiert und die grünen, schleimigen Teppiche verschwinden. Beste Maßnahme (neben dem Abfischen): **Wasserpflanzen** (Wasserpest) **einsetzen.** Sie vermehren sich enorm, entziehen dem Wasser die Nährstoffe und können leicht abgefischt und kompostiert werden. Ganz wichtig: Den **Teich niemals** ablassen und »**reinigen**«!. Der grüne Belag auf den Steinen ist die Filteranlage fürs Wasser. Wird dieser mit Hochdruck gereinigt, beginnt danach die Biologie bei null ... – mit vielen Algen.

Ein kleines Bächlein, das durch den Garten plätschert, schafft einen Blickpunkt und eine akustische Kulisse.

Blumenbeete – für viele Jahre

Was wäre ein Garten ohne die Blumen? Man muss gar nicht romantisch sein, aber ganz ohne die strahlend gelben Blüten der Narzissen im Frühjahr, den duftenden Lavendel im Sommer und die leuchtenden Blüten der Dahlien? Fehlen die Blüten, ist der Garten nicht vollkommen.

Staudenbeete für »intelligente Faule«

Die Engländer nennen sie »Mixed Borders«, die Deutschen sprechen vom Prachtstaudenbeet – immer ist aber eines gemeint. Ein Blumenbeet, das wie ein Gemälde aussieht und vom Frühjahr bis zum Herbst blüht und bei richtiger Anlage wenig Mühe macht.

In einem perfekt geplanten Staudenbeet sind Wuchshöhen, Blütezeitpunkte und -farben genau aufeinander abgestimmt. Sir Christopher Lloyd, der »Hausherr« von Great Dixter, einem der schönsten britischen Gärten, war es, der das Blütenbeet mit Gemüsepflanzen ergänzte. Kohl, Brokkoli und Co. platzierte er neben Phlox und andere Stauden.

Der große Staudengärtner Karl Foerster aus Potsdam bei Berlin machte mit seinem Senkgarten und den üppigen Bepflanzungen die Beete Anfang des letzten Jahrhunderts populär. Heute sind es oft flächige Bepflanzungen, die ähnlich einer Prärie einen sehr natürlichen Charakter entwickeln. Piet Oudolf ist hier einer der Vorreiter, der diese für moderne Gärten sehr attraktiven Bepflanzungen perfektionierte. Allerdings sollte man darauf achten, dass hier größere Flächen deutlich mehr Wirkung zeigen als kleine Bereiche.

> Ein Garten mit Stauden ist **ein Garten für intelligente Faule** – das sagte schon Karl Foerster! Und das gilt auch heute noch!

Je üppiger es in einem Staudenbeet grünt und blüht, desto weniger muss man sich vor Unkraut fürchten.

Die besten Stauden

Stauden gibt es für jeden Standort – meine Favoriten:

In der Sonne: Phlox, Rittersporn, Lupinen, Pfingstrosen, Schafgarbe, Akeleien, Astern, Taglilien, Katzenminze, Lavendel, Herzlilien *(Hosta)*, Gräser und viele andere mehr.

Im Halbschatten: Akanthus, Frauenmantel, (Herbst-)Anemonen, Astilben, Bergenien, Silberkerze, Tränendes Herz, Fingerhut, Wolfsmilchgewächse, Storchschnabel (vor allem die Sorte 'Rozanne'), Schneerosen, Herzlilien (auch sonnig), Greiskraut, Indianernessel und die Veilchen neben vielen anderen.

Im Schatten: Efeu (als Bodendecker), Immergrün, Maiglöckchen, Elfenblume, Purpurglöckchen, Waldmeister, Leberblümchen und meine geliebten Zyklamen.

Stauden sind die treuesten Gartenpflanzen – einmal gepflanzt, kommen sie, wenn ihnen der Standort zusagt, jedes Jahr

Die perfekte Kulisse

Die ideale Lage für ein Sonnenstaudenbeet ist eine West-Ost-Ausrichtung. Damit können Sie einen besonders eindrucksvollen, kulissenartigen Aufbau inszenieren.
Den Hintergrund des Beetes bildet eine Hecke (z. B. aus Blütensträuchern – Forsythie, Flieder, Pfeifenstrauch, Sommerflieder oder Zierkirschen). Lassen Sie die Sträucher wie eine Wildsträucherhecke wachsen, ist eine Breite von gut 1,5–2 m nötig. Die Höhe wird bei einer derartigen Gehölz-Umrahmung mit Sicherheit etwa 3 m betragen.

Einen ruhigen Hintergrund bilden Hainbuche oder Liguster. Ein immergrüner Hintergrund ist die Eibe *(Taxus baccata)*. Dieses Gehölz zählt zu den robustesten. Es muss nur in den ersten Jahren gut gewässert und immer dick gemulcht werden, dann gibt es auch keine Trockenschäden im Winter.

Mit Blumen malen

Nicht das bloße Durcheinander macht ein Staudenbeet aus, sondern die gezielte und rhythmische Wiederholung: Kommt der Rittersporn in einem längeren Beet nur einmal vor, wirkt er verloren. Ist er mehrmals platziert, inszeniert er sich.

Farben abstimmen

Ob Ton in Ton, ob im Farbklang oder auch bloß in einer Farbe – die Möglichkeiten sind unendlich. Es sollte bei der Gestaltung nur alles ganz bewusst passieren. Starke Kontraste wirken besonders aggressiv. Ganz in Weiß dagegen beruhigt.

MACH ES SO
Bei der Vorbereitung des Bodens sollte man Wurzelunkräuter entfernen und den Boden mit Kompost und Hornspänen aufbereiten.
Je genauer man hier arbeitet, desto weniger Mühe wird die Pflege in den Folgejahren machen. Zwischen den Stauden den Boden mit Mulch bedecken, so muss man wenig bis gar nicht gießen.

SO NICHT
Geschenkte Pflanzen sind natürlich willkommen, aber beherbergen oft als »Beigabe« Wurzelstücke von Giersch (»Erdholler«), der rasch das Beet erobert. Zuerst in einem Extra-Beet in Quarantäne setzen und beobachten. Erst nach einem Jahr an den endgültigen Standort platzieren.

Es ist faszinierend, wie groß die Blüten- und Farbvielfalt bei den Pflanzen für ein Staudenbeet ist – Taglilien.

Saatgutmischungen machen im Handumdrehen aus einem Stück Erde ein buntes Blumenbeet – Schmuckkörbchen gehören bei den Sommerblumen zu meinen Favoriten.

Die schönsten Sommerblumen

Sommerblumen? Für Neueinsteiger ist der Name schon verwirrend – blühen nicht alle Blumen im Sommer. Erstens tun sie das nicht und zweitens ist der Namen wirklich passend. Denn diese Gruppe an Pflanzen, die im Mai gepflanzt werden, beginnen kurz danach zu blühen. Und sie blühen bis in den Oktober hinein. Also eigentlich Sommer-Herbstblumen…

Vom Samenkorn zur stattlichen Pflanze

Viele Sommerblumen lassen sich daheim ziehen – vom Samenkorn, das im Februar auf der Fensterbank in die Erde gestreut wird, bis zum Pflänzchen, das dann nach den Eisheiligen (etwa Mitte Mai) ausgepflanzt wird, kann auch der Laie kaum etwas falsch machen. Neben diesen »Samenvermehrten«, gibt es mittlerweile sehr viele Pflanzen, die in den Gärtnereien vorgezogen werden und besonders robust sind. Man kauft sie in kleinen Töpfen oder schon größer als blühende Pflanzen. Je nachdem, wie viel Geld man bereit ist auszugeben.

> **Karl meint:**
> Sommerblumen sind die **blühende Würze** eines Gartens. Mit ihnen schafft man in kurzer Zeit eine prachtvolle Beetgestaltung

Boden immer gut vorbereiten

Gerade bei den »hungrigen« Sommerblumen ist es besonders wichtig, dass der Boden gut vorbereitet wird. Tiefgründig lockern, Kompost einarbeiten und unbedingt einen organischen Dauerdünger einstreuen. Ich nehme dazu auch noch Hornspäne, die als organischer Langzeitdünger den Pflanzen über viele Wochen die notwendige Kraft geben.

Meine blütenreichen Favoriten

- **Alyssum** – der Duftsteinrich ist eines der dankbarsten Gewächse, das nicht nur als Pflanze, sondern auch bloß durch Ausstreuen der Samen etabliert werden kann.
- **Bartnelke** – Duft pur und eine Pflanze, die dank Selbstaussaat alle Jahre wiederkommt. Kein Schneckenproblem!
- **Jungfer im Grünen** – eine Sommerblume, bei der ein Vorziehen nicht nötig ist: Samen ausstreuen und die bizarren Blüten und Samenstände werden alle begeistern. Schnecken sind für die Jungfer im Grünen kein Problem.
- **Löwenmaul** – passt gut in den Gemüsegarten als Beetbegrenzung, ist sehr robust und »schneckenfest«.
- **Ringelblume** – die Faulenzerpflanze schlechthin. Sie sät sich selbst aus.
- **Schmuckkörbchen** – eine ganz herrliche Sommerblume, die bloß ausgesät werden muss und viele Wochen für eine Blütenfülle sorgt. Ab und zu sollte Abgeblühtes entfernt werden, um eine neue Blütenbildung zu fördern. Schnecken sind kein großes Problem.
- **Sommerazalee** – ein guter Lückenbüßer und sehr einfach zu ziehen. Am besten setzt man Pflänzchen.
- **Sonnenblume** – die Lieblingspflanze vieler Naturgärtner. Bei nährstoffreicher Erde sind sie kaum zu bremsen. Aufpassen heißt es auf die Schnecken – sie haben Sonnenblumen zum Fressen gern. Verblühte Blüten im Spätsommer nicht abschneiden: Nahrung für die Vögel!
- **Strohblume** – eignet sich, wie der Name sagt, zum Trocknen. Die Pflanzen sind nicht die große Attraktion, versuchen sollte man sie trotzdem.
- **Trichtermalve** – ist in naturnahen Gärten ein Muss. Da manche Sorten sich selbst aussäen, können sie zum Problem werden. Aber wer die Pflänzchen gezielt entfernt, hat treue Begleiter – über viele Jahre.
- **Studentenblume** (Tagetes) – eine der traditionellsten Sommerblumen, die auch sehr leicht durch Samen vorgezogen werden kann. Sehr viele unterschiedliche Sorten in Gelb, Orange, Rot und in unterschiedlichen Höhen.
- **Zinnie** – ist eine alte Bauerngartenpflanze, die als Schnittblume im Sommer beliebt ist. Leider nicht nur bei uns, sondern auch bei den Schnecken. Also Vorsicht.

Karls Profitipps

Die Sommerblumen sind leider sehr oft ein Leckerbissen für **Schnecken. Tagetes** (Studentenblumen) stehen auf der Menüliste ganz ob. Allerdings zeigt sich, dass Pflanzen, die im Freiland ausgesät und damit abgehärtet sind, wesentlich weniger Probleme mit den schleimigen Gartenbesuchern haben, als im Zimmer oder Gewächshaus vorgezogene Pflanzen. Daher alle Pflanzen möglichst frühzeitig abhärten und schon im April tagsüber ins Freie stellen. Dabei vor Schnecken schützen.

Und mein persönlicher Tipp: Bei Tagetes ziehe ich immer ein paar Pflänzchen mehr – die gehören dann den Schnecken …

MACH ES SO

Achten Sie beim Anlegen eines Sommerblumenbeetes auf die unterschiedlichen Wuchshöhen der Pflanzen. Nur bei einer guten Planung kommen alle Pflanzen wirklich zur Geltung. Viele Pflanzen wachsen enorm und verdrängen andere, die dann kümmern oder ganz verschwinden. Daher: im Beet vorne die niedrigen Pflanzen und dahinter dann Sonnenblume & Co. So entsteht eine herrliche Kulisse.

SO NICHT

Über die Jahre gehen viele Sommerblumen im Garten von selbst auf. Manche kann man stehen lassen, viele aber zerstören das Gesamtbild eines Blumenbeetes. Daher rechtzeitig umpflanzen. Sind sie zu groß, dann lassen sie sich nicht mehr versetzen.

Der eigene Gemüsegarten

»Kitchengarden« nennen ihn die Briten, »Bauerngarten« wird er in der Alpenrepublik gerne genannt – gemeint ist aber immer eines: ein Stück Paradies – mit Gemüse, Kräutern und Blumen. Als lebende Vorratskammer für Vitamine. Direkt vor der Haustür.

Uralte Tradition voll im Trend

In den 60er-Jahren war es ziemlich »uncool«, Gemüse im Garten zu ziehen. Damals begann die Supermarktzeit. Alles an jedem Ort zu jeder Zeit, »wozu da die Tomaten, Gurken und Kräuter selbst ziehen«, lautete oft das Argument. Doch als die Tomaten immer wässriger wurden, der Salat geschmacklos und die Kräuter wie Papier, begann das große Umdenken. Begleitet von den vielen Skandalen rund um illegale Pestizide, entstand die Zeit der neuen Gemüsegärtner. Das Motto: Rasen raus und Salat rein, Thujenmauern beseitigen und Stangenbohnen wachsen lassen.

Der Beginn macht Spaß

Der sonnigste Platz des Gartens ist der ideale Standort für einen Gemüsegarten. Manche sprechen immer von Nutz- und Ziergarten. Diese Unterscheidung gibt es bei mir nicht. Blüten, Kräuter und Fruchtgemüse wachsen in meinem Gemüsegarten bunt gemischt – so wie in den alten Bauerngärten. Die Fläche sollte zu Beginn nicht zu groß sein – da kann es leicht passieren, dass es keinen Spaß mehr macht. Und der sollte ja im Vordergrund stehen – die Ernte ist dann die Belohnung. Für den Beginn rate ich immer, ein Hochbeet anzulegen (siehe Seite 146). Damit kann man sich die Lust am Gemüsegärtnern holen.

Boden gut vorbereiten

Oft sind die Böden nach einem Hausbau arg in Mitleidenschaft gezogen worden. Je sorgfältiger man hier vorbereitet, desto besser wird das Wachstum sein. Daher: Rasen immer komplett abtragen (ca. 5 cm) und auf den Kompost geben. Dann tiefgründig lockern und bei sehr lehmigen Böden sofort reifen Kompost und vor allem Quarzsand einarbeiten. Wer beim Lockern an der festen Erde scheitert, sollte einen Gärtner mit einer schweren Bodenfräse holen. Oft wird die Lockerung nur dürftig erledigt – das Wachstum bleibt dann deutlich zurück.

Wie werden die Beete angelegt?

Bei großen Gärten kann man die Beete mit einer Breite von 1,20 Meter festlegen. So sind sie leicht von beiden Seiten zu bearbeiten. Als ideale Richtung ist eine Nord-Süd-Lage perfekt. Die Wege dazwischen nur festtreten und eventuell mit Holzbrettern abdecken. Dann kann man später auch bei Regenwetter ernten, ohne schmutzig zu werden. Gepflanzt wird in bunter Mischung. Es gibt viele Tabellen, die zeigen, welche Pflanzen zusammenpassen und welche nicht. »Mischkultur« nennen das die Fachleute. Doch den Neueinsteigern empfehle ich einfach: trial and error. Also auf gut Deutsch: probieren – einige Male wird man scheitern. Aber der Hausverstand sagt ja, wie und wo welche Pflanzen gesetzt werden. Großes, wuchskräftiges Gemüse kommt so ins Beet, dass es die anderen Pflanzen nicht beschattet. Pflanzen mit breitem Wuchs zu Pflanzen, die weniger Platz benötigen. Karotten mit ihrer Pfahlwurzel passen perfekt zur Zwiebelpflanze, die oben ihre »Frucht« bildet. Und gegenseitig helfen sie sich, weil sie Schädlinge abwehren – aber darum muss sich der Gartenfreund ja gar nicht kümmern.

Gute Nachbarn

- **Basilikum** + Gurke, Tomate, Zwiebel
- **Bohnenkraut** + Buschbohnen, Kopfsalat, Zwiebel
- **Dill** + Gurke, Kohl, Möhre, Sellerie, Tomate, Zwiebel
- **Kapuzinerkresse** + Obstbäume (Baumscheibe), Kartoffel, Tomate, Stangenbohnen
- **Knoblauch** + Gurke, Möhre, Spinat, Tomate
- **Kresse** + Radieschen, Kopfsalat
- **Schnittlauch** + Tomate, Möhre
- **Zwiebel** + Möhre

MACH ES SO

Blumen sind nicht nur in einer Wohnung eine Bereicherung, sie sind es auch im Garten – und das in mehrfacher Hinsicht. Sie erfreuen uns, wenn wir in den Gemüsegarten gehen, und sie locken vor allem viele Insekten an, die einerseits für die Bestäubung zuständig sind, andererseits viele Schädlinge beseitigen.

SO NICHT

Monokultur war einmal. Auch wenn ein Neueinsteiger oft begeistert vor einem Salatbeet steht, in dem sich Kopf an Kopf reihen – so etwas ist unnatürlich. In bunter Mischung mit Kräutern wachsen die Pflanzen viel gesünder und man muss weniger Mühe aufwenden.

Karls Profitipps

Mulchen – hier in diesem Buch auf Seite 25 beschrieben – gehört im Gemüsegarten zu den wichtigsten Maßnahmen, um eine gute Ernte mit wenig Mühe zu erzielen.

Zu Beginn gibt es oft das Problem, dass kaum Rasenschnitt vorhanden ist. Da hat sich die **Küchenkresse** als **schneller Bodendecker** bewährt. Es bildet sich rasch ein dichter Blätterteppich, der einerseits als Würze verwendet werden kann, andererseits schneidet man die Blättchen ab und lässt sie als dünne Schicht auf der Erde verrotten. Man muss weniger gießen und Unkraut jäten und die Senföle in den Blättern mögen die Schnecken nicht so sehr.

Der Erntekorb ist gut gefüllt – der schönste Lohn für einen Biogärtner. Jetzt kommt gesundes, chemiefreies Gemüse auf den Tisch. Das schmeckt fantastisch!

Flottes Gemüse

Rasch einen Erfolg sehen – das möchten wir doch alle am Liebsten. Nicht monatelang werken – und dann irgendwann ernten. Es gibt einige Gemüsearten, die ziemlich flott unterwegs sind.

Zum »schnellen Gemüse« im Garten und am Balkon gehört zum Beispiel der Kohlrabi. Pflänzchen, die man setzt, liefern schon nach einem Monat Früchte – nicht die ganz großen, aber schmackhaft sind sie dennoch.

Noch flotter sind alle Pflücksalate mit den klingenden Namen 'Lollo bionda' (ein grüner mit gekrausten Blättern) oder 'Hohlblättriger Butter' (ein grüner Schnittsalat) oder der beliebte 'Red Salat Bowl' (ein rotblättriger Eichblattsalat). Da können nach drei Wochen schon die ersten Blätter abgezupft werden – nach sechs Wochen beginnt die Haupternte. Und das Schöne: Wächst der Pflücksalat einmal aus, kann man ihn trotzdem ernten. Die Blätter bleiben nach wie vor verwendbar.

Karls Profitipps

Auch im Kasten oder sogar in größeren Blumentöpfen lässt sich Gemüse perfekt kultivieren: Lockere, humusreiche Bioerde (am besten torffrei) mit ein wenig Hornspänen mischen und schon wird gepflanzt. Bewährt haben sich hier ein etwas dichteres Säen oder Pflanzen und eine sehr frühe Ernte der kleinen, zarten Blätter.

Ein Tipp für Salat: Setzt man vorgezogene Pflanzen, dann die Erdballen nur etwa zur Hälfte eingraben, so tritt Fäulnis nicht so häufig auf. Gerade im zeitigen Frühjahr sowie im Spätsommer und Herbst, wenn es wieder mehr regnet und die Nächte kühler werden, kann das ein Problem sein.

Ein Stillleben aus einem natürlichen Garten. Üppige Beete voller Gemüse und die Ernte steht bereit für die Küche.

> **MACH ES SO**
>
> Je später gesät wird, desto besser hat sich der Boden erwärmt und desto mehr Wärme steht den Pflanzen zur Verfügung. Daher sollten die Beete (oder auch die Kästen) bereits ab Ende Februar mit einem Vlies abgedeckt werden. Das Vlies kann auch nach dem Pflanzen locker auf den Beeten liegen. An sehr heißen Tagen muss es aber entfernt werden – sonst verbrennen die Pflanzen.
>
> **SO NICHT**
>
> Ist die Erde kalt und »bleibt an den Schuhen kleben«, hat der Gartenfreund nichts im Garten verloren. Da würde er nur schaden – durch Bodenverdichtung.

6. **Spinat:** Neben den Blattsalaten zählt dieses Blattgemüse, nicht nur gedünstet, sondern auch als Salatbeigabe, zu einer Köstlichkeit. Vor allem die ersten zarten Blätter sind ein vitaminreicher Genuss.

Karl meint:

Wer optisch etwas für seinen Gemüsegarten machen will, der sollte **Kapuzinerkresse** aussäen. Sie keimt rasch, bildet viele Blätter und Blüten, die dann auch in der Küche verwendet werden können

Vitamine für Ungeduldige

1. **Rucola:** Besonders würzig und ebenfalls ein flinkes Gemüse ist der Rucola. Als Salatbeigabe schmeckt er nicht nur köstlich, er wird auch im kommenden Frühjahr einer der ersten sein, der wieder austreibt.
2. **Radieschen:** Sie sind wohl die Flottesten. Daher das typische Gemüse, das auch Kinder begeistert. Heute gesät – in drei Wochen liegen sie schon aufgeschnitten auf dem Butterbrot.
3. **Karotten:** Sie sind auch nach wenigen Wochen zu ernten. Wenn auch vorerst als kleine Naschfrüchte, denn sehr dick werden die Rüben erst nach einigen Monaten.
4. **Zuckererbsen:** Sie gehören zum köstlichsten Gemüse. Ist der Boden gut warm, dann keimen die Erbsen rasch und liefern nach etwas mehr als eineinhalb Monaten schon erste zarte Schoten.
5. **Kräuter:** Die würzigen Blätter sind nicht nur die Würze in der Küche, ihr Duft bereichert jeden Garten. Ob Schnittlauch, Petersilie oder Dill, ob Kresse, Thymian oder Salbei – alle passen in einen Gemüsegarten.

Blüten zum Essen

Die moderne Küche setzt immer mehr auf Naturnähe. Einerseits bevorzugen wir biologisch – also ohne Kunstdünger und Pestizide – gezogenes Gemüse, andererseits möchten wir auch am Teller die Natur spüren. Ein Trend sind deshalb »essbare Blüten«. Dazu gehören zum Beispiel die Kapuzinerkresse, aber auch die Blüten von Schnittlauch, den Stiefmütterchen und im zeitigen Frühjahr von Veilchen und Gänseblümchen. Sie alle dürfen deshalb auch im Gemüsegarten wachsen und sind nicht nur eine optische Würze im Garten, sondern auch in der Salatschüssel.

Aber Vorsicht: Absolut ungenießbar, ja sogar giftig sind: Rittersporn (enthält Delphinin), Vanilleblume (enthält Pyrrolizidin), Hortensie (Hydrangin), Japanisches Geißblatt (Saponin u. a.), Maiglöckchen (Convallatoxin), Gartenwicke (Aminoproprionitril), Blauregen (Wistarin), Schneerose (Hellebrin), Narzisse (Galathamin), Flachs (Linamarin), Amaryllis (Hippeastrin).

Gemulcht wird in einem Kiesgarten nicht mit Rinde oder Rasen, sondern mit Steinen. Die Beete sehen attraktiv aus, bleiben geschützt und trocknen nicht so rasch aus.

Kiesgärten – steinreich und voller Blüten

Das Klima ändert sich – damit müssen wir vermutlich leben und damit wird es manchmal Regen im Überfluss und dann wieder Wochen ohne einen Tropfen Niederschlag geben. Daher lohnt es sich, jene Gartenteile, die sehr exponiert liegen, so zu gestalten, dass man sie wenig bis gar nicht gießen muss.

Steine, Schotter und Sand

Diese Zutaten sind nicht immer schlecht. Im Gegenteil, sie sind die beste Voraussetzung für ein sogenanntes Kiesbeet. Es war eine Britin, die das Kiesbeet salonfähig gemacht hat: Beth Chatto. Ihr Kiesgarten war und ist Vorbild für eine völlig andere Gestaltung. Mit Pflanzen, die Trockenheit lieben, die wenig Pflege benötigen und dennoch attraktiv aussehen. Der Boden ist durchlässig, die Mulchdecke bilden Kies oder Splitt – ungewöhnlich, aber gerade in einem modernen, formalen Garten eine interessante Variante.
Selbst alte Profis staunen immer wieder, wenn sie Trockenbeete bewundern. Woher nimmt eine Pflanze nur das Wasser, woher die Nährstoffe – woher die Wuchskraft? Das Erstaunliche an der Natur ist eben, dass es für alle Lebensbereiche die »richtige« Pflanze gibt. Es gibt sogar Pflanzen, die aus dem Süden kommen und problemlos selbst nördlich der Alpen überleben.

Karl meint:

Kiesbeete gehören zu den attraktivsten Gartenelementen. Ob im Vorgarten oder als **besonderes Terrassenbeet** – sie lassen sich **perfekt** und **pflegeleicht** gestalten

Von mediterran zu »norditerran«

Südliche Stimmung vermitteln bei uns vor allem Kräuter wie Thymian und Lavendel, Salbei und Origano. Als große Gehölze passen Sanddorn und Ölweide – als »Ersatz« für den Olivenbaum –, aber auch Judasbaum und Sommerflieder dazu. Dennoch sind alle diese Gehölze absolut frostfest und müssen nicht extra geschützt werden.

Sie sind aber nur die Kulisse für das Herzstück eines Gartens mit südlichem Flair – das Wichtigste sind die Kiesbeete. So werden sie angelegt:

1. **Trockenbeete in die volle Sonne.** Das garantiert von Anbeginn einen idealen Start. Aber – und das erstaunt – es gibt auch Trockenbeete im totalen Schatten. Ja, so ist die Natur.
2. **Steine unter der Erde sind das A und O.** Nicht der Kies oder Schotter, der auf den Beeten liegt, sondern das durchlässige Schottermaterial im Untergrund garantiert den Erfolg.
3. **Bauen Sie Beete als Hügel!** In einem sehr feuchten, verdichteten Boden kann das bloße Ausfüllen einer Grube mit Schotter zu einem unterirdischen Teich führen. Errichten Sie mit Hohlkammerziegeln (Wärmeschutzziegeln) kleine Hügel, die Sie mit Vlies und Splitt abdecken.
4. **Sauer oder alkalisch? – das ist die Frage.** Die Natur ist wählerisch und es klingt kompliziert. Wer sich aber an solche Spezialbeete heranwagt, sollte bedenken: Es gibt eben auch hier Trockenheit liebende Pflanzen, solche, die Kalk lieben, und solche, die Kalk meiden!
5. **Plötzlich wird alles »frostfest«?** Es ist erstaunlich, aber es ist tatsächlich so, dass Lavendel, Spornblume oder sogar Rosmarin im richtigen Boden selbst kälteste Winter überstehen. Nicht die Kälte macht ihnen zu schaffen, sondern die Staunässe.
6. **Düngen nicht vergessen.** Selbst Hungerkünstler wollen ab und zu ein wenig Futter. Verwenden Sie Kompost, gemischt mit Splitt und Hornspänen. Das reicht.
7. **Achten Sie auf ungestüme Gäste.** So manche Trockenbeetbewohner, wie die Spornblume, säen sich enorm aus. Da heißt es eingreifen.

Karls Profitipps

Der Lavendel *(Lavendula angustifolia)* ist eine seit Urzeiten wegen ihres angenehmen Duftes geschätzte Pflanze, deren Blüten man unter anderem zum Vertreiben von Motten einsetzt. Den kleinen Strauch pflanzt man am besten in ein größeres Pflanzloch, das man mit Kies, Splitt und Tonscherben füllt. Auf jeden Fall benötigt **Lavendel** einen vollsonnigen Standort. Lavendel bevorzugt kalkhaltige Böden, weshalb sich die Ausbringung von Gartenkalk im Frühjahr oder Herbst positiv auswirkt. Geschnitten wird sofort nach der Blüte – ganz stark auf das unterste noch grüne Blatt. So bleiben die Pflanzen kompakt. Hat man das vergessen, wird im Frühjahr stark zurückgeschnitten.

MACH ES SO

Wildtulpen sind ein wunderbarer Blühauftakt in einem Kiesbeet. Sie lieben als »Ureinwohner« der Türkei die trockenen, heißen Standorte. Die Zwiebel werden im Sommer gut »gebacken« und beginnen dann wieder zu blühen. Es gibt sie in unterschiedlichen Farben – gruppenweise gepflanzt, sind sie ein wunderbarer Blickpunkt.

SO NICHT

Tulpen dürfen den Sommer niemals dort verbringen, wo sie ständig in feuchter, staunasser Erde stehen. Sie bilden dann im kommenden Jahr zwar viele Blätter, aber keine Blüten. Daher ist es an solchen Standorten besser, die Zwiebeln nach dem Einziehen auszugraben und im Keller trocken zu lagern.

Schattenseiten im Garten

Da ein Stück Beet, das niemals in die Sonne kommt, dort ein Gehölzstreifen, wo es auch nach langem Regenfall noch trocken bleibt, oder ein Stück Wiese, wo es immer feucht bleibt. Oft lassen sich »Problemzonen« – ja, die gibt's auch im Garten – selbst bei einer perfekten Gestaltung nicht beseitigen. Über extrem trockene Standorte habe ich schon geschrieben (siehe Seite 158), widmen wir uns hier nun dem, wie die Gärtner sagen, »tiefen Schatten«. Dort, wo nie die Sonne hinkommt.

Schatten als Chance

Wenn die Sonne unbarmherzig vom Himmel brennt und kein Wölkchen zu sehen ist, dann haben die »Schattenseiten« des Gartens Hochsaison. Farne, Funkien, Storchschnabel, Astilben und die heimischen Alpenveilchen: Diese Pflanzen zaubern dann die schönsten Lichtblicke in den Schatten.

Schattige Stellen im Garten oder auf Balkon und Terrasse gehören für viele Gartenbesitzer zu den Problemzonen. Vor allem deshalb, weil oft Pflanzen gesetzt werden, die normalerweise sonnige Plätze lieben. Und die beginnen zu kümmern oder werden von Schädlingen und Krankheiten heimgesucht.

Dabei gibt es eine enorme Auswahl an Pflanzen, die sich gerade in den kaum von der Sonne verwöhnten Bereichen wohlfühlen. Für die meisten dieser Schattenstauden gilt aber ein Pflegehinweis: Der Boden sollte humusreich und gleichmäßig feucht sein.

> Beim Anlegen von **Schattenbeeten** den Boden gut **vorbereiten** – mit **Kompost, Sand** und lockerer Gartenerde

Die Auswahl an Pflanzen für den Schatten ist größer, als man denkt: Farne und Funkien gehören zu den Favoriten.

Karls Profitipps

Unter großen Bäumen und dichten Sträuchern heißt es zu Beginn regelmäßig gießen oder – noch besser – eine **automatische Bewässerung** in Form eines **Perlschlauchs** installieren. Diese frostfesten porösen Schläuche werden gleich beim Anlegen eines Schattengartens in der Erde vergraben und von Zeit zu Zeit für mehrere Stunden eingeschaltet. Nicht vergessen werden darf auch eine dicke **Mulchschicht** aus Rasenschnitt, Rindenhumus (kompostierte Rinde) oder halbreifem Kompost. Warum nicht normale Rinde, werden sich viele fragen: Ganz einfach deshalb, weil die Pflanzen, die wir an diesen Stellen setzen, ganz flache Wurzeln haben. Die Gerbsäure der Rinde, die in den Boden abgegeben wird, würde das Wachstum behindern.

Pflanzen für den Schatten – keine »einsamen Gewächse«, sondern eine **große Pflanzengruppe!**

Der blau blühende (giftige) Eisenhut oder der (ebenfalls giftige) Fingerhut und die große Palette an Farnen sollten in einem schattigen Gartenbereich nicht fehlen. Als Bodendecker eignen sich Efeu, Taubnesseln und Lungenkraut. Meine Lieblinge im Schatten sind die Astilben – die Prachtspieren – und die heimischen Alpenveilchen.

Lichtblicke im Schattengarten

Hier sind all jene Pflanzen daheim, die besonders robust sind, zum Beispiel der Frauenmantel. Die gelbgrünen Blüten bringen Leben in den Schatten. Für Farbe sorgen vielerlei Storchschnabel-Gewächse *(Geranium)*, ebenso Günsel und Waldsteine. Blickfänge sind im lichteren Schatten im Mai und Juni die Rhododendren und Azaleen, später Funkien. Hier sind es vor allem die Blätter, die eine eindrucksvolle Wirkung zeigen: Ob grün-weiß oder in einem saftigen Blaugrün, vom Frühjahr bis zum Herbst sorgen sie für eine malerische Kulisse.

Lichtblicke auf dem Schattenbalkon

Fuchsien, Begonien, Fleißige Lieschen und, wenn ein wenig Sonne am Morgen oder Abend »vorbeikommt«, dann können auch Fächerblumen, Lobelien oder niedrig wachsende Glockenblumen in die Blumenkästen gesetzt werden. In großen Töpfen sehen auf schattigen Terrassen auch Hortensien, Funkien und Astilben wunderschön aus. Diese Stauden können über mehrere Jahre am Balkon oder auf der Terrasse stehen bleiben. Im Winter Töpfe gut schützen. Am Schattenbalkon lassen sich auch viele Zimmerpflanzen im Freien »übersommern«.

MACH ES SO

Beim Neuanlegen eines Gartens fehlen oft die schattigen Bereiche, denn Bäume und Sträucher sind noch klein und fast überall herrschen Sonne und Hitze. Doch mit der Zeit wird der Garten erwachsen und die Gehölze werden größer. Was tun? Anfangs dominieren in Gärten die »Sonnenliebhaber«. Erst in einer zweiten Etappe werden die nun entstandenen Schattenbereiche gestaltet – erst dann fühlen sich die Schattenbewohner wohl und überleben.

SO NICHT

Farne (die den Schatten mögen), Astilben oder auch Efeu kümmern, wenn sie in der prallen Sonne stehen. Da nützt auch viel Gießen nichts – viele Blätter würden verbrennen.

Der Übergang vom Schatten in die Sonne: Halbschattig gedeihen besonders schöne Pflanzen, die auch blühen.

Ein Hang zum Gärtnern

Den Hang zum Gärtnern haben wir ja alle, aber ein Hanggrundstück verleidet so manchem die Freude. Doch gerade diese Grundstücke haben ihren Reiz. Gestaltungsmöglichkeiten gibt es viele – je nachdem, wie man sie einsetzt.

Pflanzen für den »Hausberg«

Ein Hang hinter dem Haus ist oft lästig. Rasenmähen ist mühevoll, also will man Pflanzen setzen, die die Pflege auf ein Minimum beschränken. Bodendecker-Rosen eignen sich da hervorragend, wenn der Bewuchs niedrig sein soll. Oder man setzt typische Wildgehölze (wenn die Pflanzen höher werden dürfen): Sanddorn und Schlehe verhindern mit ihren Ausläufern ein Abrutschen des Hanges. Pflanzt man dazwischen noch Traubenkirsche oder Blütensträucher, hat man nach einigen Jahren ein dichtes Gehölzband, das kaum noch Pflege benötigt. Wird es irgendwann einmal zu groß, dann »setzt man es auf den Stock« (siehe Seite 92/93). Darüber hinaus gibt es auch zahlreiche Bodendecker. Efeu zählt dabei zu den robustesten. Aber auch Waldsteinien oder *Pachysandra* eignen sich in schattigeren Bereichen hervorragend als Begrünung.

Mauern als Hangbegleiter

Trockenmauern sind die typischen Elemente, mit denen auf einfache Art und Weise ein Stück Natur in den Garten geholt werden kann. Natürlich kommt man beim Bau einer solchen Steinmauer ganz schön ins Schwitzen, aber im Vergleich zu einer Stahlbetonwand ist der Aufwand gering. Das Tolle an einer Trockenmauer: Rasch leben darin viele Nützlinge, die uns bei der Schädlingsbekämpfung helfen.

Verwenden Sie für die Mauer die Steinarten, die es vor Ort gibt, sie passen sich am harmonischsten in das Gesamtbild ein und verursachen die geringsten Transportkosten. Ein Steinmetz in Ihrer Nähe berät Sie sicher gerne. Denn ob nun Kalkgestein oder Urgestein – in jeder Umgebung werden sich andere Pflanzen einnisten und wohlfühlen.

So entsteht eine Trockenmauer

1. **Auf ein gut verdichtetes Schotterfundament** werden die Natursteine so aufgelegt, dass in den Fugen Platz für ein Sand-Erde-Gemisch ist. Als Mischung ist ein Verhältnis von zwei Teilen Sand und einem Teil Lehm ideal.
2. Wählen Sie **für die Grundreihe die größten Steine** mit einer möglichst flachen Oberseite aus.
3. Trockenmauern sollten **nicht höher als 120–150 cm** sein. Die Neigung sollte in etwa 10 bis 20 Prozent zum Hang betragen, damit ist eine gute Stabilität gegeben. Nur mit sehr großen und schweren Steinen lassen sich höhere Mauern errichten – dafür unbedingt erfahrene Experten beiziehen, diese Steine lassen sich nur mit maschineller Hilfe sicher verlegen.
4. **Hinterfüllt wird die Mauer** mit grobem Schotter oder Ziegelschutt. Diese Dränageschicht ist einerseits für die Stabilität der Mauer wichtig, andererseits sind die entstehenden Hohlräume der Unterschlupf für viele Tiere.
5. Die **Fugen**, die **immer versetzt** angelegt werden (nur so ist die nötige Stabilität gegeben), sind mit dem Sand-Erde-Gemisch zu füllen – hier wird gepflanzt.
6. Besorgen Sie sich für die Trockenmauer **gleich beim Errichten die passenden Pflanzen** und fügen Sie die Wurzelballen in das Bauwerk ein. Damit sind die Pflanzen gut verankert.
7. **Keinesfalls nur Polsterstauden** verwenden. Sie würden den natürlichen Charakter stören, intensive Pflege benötigen (z. B. häufiges Gießen) und damit gerade das Gegenteil eines bequemen Gartens bringen.

Karl meint:
Hanggrundstücke werden oft unter ihrem Wert geschlagen. Sie bieten **reizvolle** Gestaltungen und »man behält den Überblick«

Karls Profitipps

Das Biotop Trockenmauer bleibt nicht nur dem Gartenbesitzer vorbehalten, der ein Hanggrundstück oder eine höher gelegene Terrasse besitzt, Steinmauern lassen sich auch im flachen Gelände anlegen: Beispielsweise als Trennung zwischen zwei Gartenbereichen. Diese Mauern sollten mindestens 80–100 cm breit sein. An den beiden Außenseiten werden die Steine wie bei einer üblichen Trockenmauer aufgeschichtet. Aufgefüllt wird dieses Hochbeet der besonderen Art mit lockerem, durchlässigem Material. Und dort fühlen sich genau jene Pflanzen wohl, die mit diesen kargen, trockenen Verhältnissen leben können.

MACH ES SO

Es gibt viele Pflanzen, die mit den trockenen Verhältnissen in einer Steinmauer leben können. Besonders attraktiv sind die ganz niedrigen Arten (ca. 5–10 cm), wie Thymian, Zimbelkraut, Hauswurz, Gänsekresse, Gelber Lerchensporn, Moossteinbrech, Silberdistel, Hungerblümchen, Heidenelke, Scharfer Mauerpfeffer, Fetthenne oder Glockenblumen.

SO NICHT

»Sommerblumen« haben in Trockenmauern nichts verloren. Pflanztaschen, die dafür extra ausgespart werden, müssen nicht nur gegossen und gedüngt, sondern auch alljährlich neu bepflanzt werden.

Es gibt keinen Platz, an dem keine Pflanzen wachsen. Die Dachwurz gedeiht auch in den schmalsten Steinritzen.

Adressen, die Ihnen weiterhelfen

Bezugsquellen für Pflanzen

Gehölze, Stauden und Liebhaberpflanzen

Rosenhof Schultheis
Bad Nauheimer Str. 3–7
61231 Bad Nauheim-Steinfurth
Tel.: 0 60 32/ 92 52 80
www.rosenhof-schultheis.de/
(hier erhält man alles, was das Rosenherz begehrt! Dazu ein Firmenchef, der an Liebenswürdigkeit kaum zu übertreffen ist)

Staudengärtnerei
Dieter Gaissmayer
Jungviehweide 3
89257 Illertissen
Tel.: 0 73 03/ 72 58
www.gaissmayer.de/
(hier wird der Staudeneinkauf zum Erlebnis. Nehmen Sie sich Zeit, wenn Sie hier herfahren. Besonders empfehlenswert: Die alljährliche *Illertisser Gartenlust*)

Raritätengärtnerei Treml
Eckerstr. 32
93471 Arnbruck
Tel.: 0 99 45/ 90 51 00
www.pflanzentreml.de/
(ob Salbei oder Rosmarin, ob afrikanische Kräuter oder Jasmin – ein riesiges Sortiment!)

Österreich

Praskac Pflanzenland GmbH
Praskacstr. 101–108
A-3430 Tulln
Tel.: + 43/ (0) 22 72/ 62 46 0
www.praskac.at/
(eine der bestsortierten Gärtnereien Österreichs. Ob Bäume, Sträucher oder Stauden – hier findet man alles)

Staudengärtnerei Feldweber
A-4974 Ort im Innkreis 139
Tel.: + 43/ (0) 77 51/ 83 20
www.feldweber.com/
(der Rundgang wird zu einem botanischen Spaziergang. Am besten mit »Sarastro« verbinden.)

Stauden Sarastro
A-4974 Ort im Innkreis 131
Tel.: + 43/ (0) 66 4/ 26 10 36 2
www.sarastro-stauden.com/
(wer einmal erlebt hat, mit welcher Freude Christian Kress dem Gärtnern frönt, der wird immer wieder hierher zurückkommen. Unbedingt mit einem Besuch bei »Feldweber« verbinden.)

England

Ashwood Lower Lane
Ashwood
Kingswinford
West Midlands
DY6 0AE
United Kingdom
Tel.: + 44/ (0) 13 84/ 40 19 96
www.ashwood-nurseries.co.uk/
(Für Liebhaber britischer Pflanzenkultur. Die großartigste Gärtnerei, die es gibt – Treffpunkt der Pflanzenliebhaber)

Pflanzen-Spezialitäten

Für Blumenwiesenfreunde:

Voitsauer Wildblumensamen
Voitsau 8
A-3623 Kottes-Purk
Tel.: + 43/ (0) 28 73/ 73 06
www.wildblumensaatgut.at
(die sicherlich beste Adresse um das passende Saatgut für eine Blumenwiese zu bekommen, gleich ob sonniger, schattiger, feuchter oder trockener Standort)

Duft-Pelargonien:

Duftpelargonien Stegmeier
Unteres Dorf 7
73457 Essingen
Tel.: 0 73 65/ 23 0
www.pelargonien-stegmeier.de
(Wenn schon, denn schon – Duftpelargonien üben eine ungeheure Faszination aus. Kaum vorstellbar für einen Sammler, dass diese Gärtnerei gleich einige tausend davon kultiviert.)

Steingartenpflanzen:

Staudengärtnerei
Alpine Raritäten Jürgen Peters
Auf dem Flidd 20
25436 Uetersen
Tel. 0 41 22/ 33 12
www.alpine-peters.de/
(ob ein Leberblümchen für einige tausend Euro (!) oder Veilchen – auch hier gilt: Hinschauen ist ein Muss!)

Für Zitrus-Liebhaber:

Blumen Michael Ceron
Blumenweg 3
A-9583 Faak am See
Tel.: + 43/ (0) 42 54/ 22 34 0
www.ceron.at/zitrus.php
(Michael Ceron betreibt in Faak am See in Kärnten die einzige Bio-Citrusgärtnerei Europas und hat eine gewaltige Auswahl)

Pflanzenschutz

W. Neudorff GmbH KG
An der Mühle 3
31860 Emmerthal
Tel.: 0 51 55/ 62 44 88 8
www.neudorff.de
(einer der ersten Pflanzenschutzmittelhersteller, der schon vor Jahren auf »Bio« setzte. Neben sanften Spritzmitteln auch Nützlingsversand – allerdings nur über den Fachhandel)

Adressen, die Ihnen weiterhelfen | 165

OSCORNA DÜNGER GmbH & Co. KG
Postfach 4267
89032 Ulm
Tel.: 0 73 1/ 94 66 40
www.oscorna.de
(Biologische Düngemittel gehören in dieser Firma seit mehr als 70 Jahren zum Hauptgeschäft – »Animalin« ist noch immer der problemloseste Naturdünger, den es gibt)

Österreich

Florissa Handels- und Produktions-GmbH
Handelszentrum 18
A-5101 Bergheim
Tel.: + 43/ (0) 66 2/ 94 14 10
www.florissa.at
(ein Newcomer unter den Dünge- und Pflanzenschutzherstellern – viele biologische Dünger und Erden)

Windhager Handelsgesellschaft m.b.H.
Industriestr. 2
A-5303 Thalgau
Tel.: + 43/ (0) 62 35/ 61 61 0
www.windhager.at
(viele praktische Utensilien, vom Bindedraht bis hin zum Insektenschutz. In Österreich der Generalimporteur für alle Neudorff-Produkte)

Der Garten im Internet und im Fernsehen

Internet

Tipps und Infos von und über Karl Plobergers finden Sie unter: www.biogaertner.at
(mehr als 1,2 Millionen Mal wird meine Internetseite pro Jahr angeklickt. Hier gibt es viele Tipps fürs naturgemäße Gärtnern. Zu sehen sind hier Bilder aus meinem Garten, von meinen Gartenreisen sowie aktuelle Tipps und einen Frage-Briefkasten – für den ich aber um ein wenig Geduld bei der Antwort bitte, denn manchmal sind es einige hundert Fragen pro Monat!)

www.gartenlinksammlung.de
(Willkommen im Surf-Garten – hier finden Sie die umfangreichste und beste Linksammlung zum Thema Garten, mit unzähligen Hinweisen zu Literatur und Pflanzen)

Fernsehen

Die ORF-Gartensendung »Natur im Garten« – in der Gartensaison jeweils am Sonntag, ca. 16.10 Uhr auf ORF 2. Wiederholung zu unterschiedlichen Zeiten in 3sat und auf ORF 3. Infos unter www.naturimgarten.at

Literatur zum Weiterlesen

Weitere Bücher von Karl Ploberger:

Der neue Garten für intelligente Faule. avBUCH/Cadmos-Verlag, Schwarzenbek 2012.
Das Standardwerk für alle, die schnell und erfolgreich mit wenig Mühe einen Biogarten anlegen möchten. Mit dabei ein phänologischer Kalender – also gärtnern im Takt der Natur.

Die besten Gartentipps für intelligente Faule. avBUCH/Cadmos-Verlag, Schwarzenbek 2013.
Mehr als 400 zum Teil sehr ungewöhnliche, aber wirkungsvolle Tipps, wie man sich das Gärtnern leichter machen kann. Von Ameise bis Zwiebelkäfer – gegen alle Schädlinge gibt es einen Trick, den mir die Zuseher geschickt haben.

So werde ich Biogärtner. Verlag Eugen Ulmer, Stuttgart 2013.
Neben den Grundlagen für das biologische Gärtnern findet man in diesem kompakten Buch auch die detaillierte Beschreibung von zwölf Gartenprojekten: Ob Hochbeet oder Beerengarten – all das lässt sich rasch verwirklichen.

Ein Garten voller Lebensfreude und Ernteglück. DVA, München 2013.
Ein Gartenportrait über meinen Garten, das mit herrlichen Fotos von Ursel Borstell zu einem »Bilder«-Buch mit vielen Tipps geworden ist, etwa: Wie baut man einen Ruinengarten? Oder ein Moor? Man findet darin viele Geschichten rund um meine Gartenliebe.

Weiterführende Literatur:

Marie-Luise Kreuter: Der Biogarten. BLV Buchverlag, München, 25. Auflage 2012.
Das Standardwerk für alle Naturgärtner ist auch das »Lehr«-Buch von Karl Ploberger. Eine langjährige Freundschaft verband ihn mit der Vorreiterin des biologischen Gartenbaus in Europa.

Zeitschriften

»Gartenpraxis«
www.gartenpraxis.de
(die beste deutschsprachige Gartenzeitschrift)

»kraut & rüben«
www.krautundrueben.de
(die bekannteste Biogärtner-Zeitschrift)

»Mein schöner Garten«
www.mein-schoener-garten.de/
(die größte Gartenzeitschrift Europas)

»Garten Flora«
www.gartenflora.de
(eine der traditionellsten Gartenzeitschriften Deutschlands, mit vielen Praxistipps und Ideen. Nicht nur biologisch unterwegs, aber von Fachleuten gemacht)

»Grüner Anzeiger«
www.grueneranzeiger.de
(eine Zeitung für echte Freaks: Kleinanzeigen von und für Pflanzenliebhaber)

»Natürlich Gärtnern«
www.natuerlich-gaertnern.de/
(viele Hintergrundberichte zum Thema »Biologisch Gärtnern«)

»Garten & Haus«
www.garten-haus.at
(die bekannteste österreichische Gartenillustrierte)

Stichwortverzeichnis

Ackerhahnenfuß 22
Ackerschachtelhalm 75, 138
ADR 82
Ahorn 96, 99, 106
 –, Feld- 99
 –, Spitz- 99
 –, Zimt- 106
Akelei 150
Alexandrinerklee 23
Algen 149
Alpenveilchen 160
Ameisen 134, 137
Anemone 150
Anzucht 111
Apfelbaum 68
Aprikose 72
Asia-Salate 42
Asiatischer Marienkäfer 136
Aster 150
Astilbe 150, 160
Ausgeizen 36
Aussaat 112 f.
 -erde 29, 86, 112
automatische Bewässerung 120
Azalee 161

Ballerina-Apfelbaum 66
Bärlauch 55
Bartblume 95
Bartnelke 153
Basilikum 48, 49, 50, 51, 112, 154
 –, Griechisches Busch- 51
 –, Strauch- 51
 –, Zimt- 51
 –, Zitronen- 51
Bäume 79, 114
Beeren 60
Beetrosen 84
Begonie 161
Bepflanzungsplan 79
Bergenie 150
Besentriebe 127
Bienenfreund 23
Bioerde 29
Birke 98
Birne 74
Birnengitterrost 74
Blasenfüße 135
Blattläuse 67, 131, 133
Blauglockenbaum 95
Blindschleiche 132
Blumenesche 97, 106
Blumenwiese 24, 79, 143
Blumenzwiebel 88
Blüten, essbare 157
Blütensträucherhecke 93
Blutpflaume 99
Boden
 -bearbeitung, sanfte 24
 –, humusreicher 22
 –, lehmiger 22
 –, sandiger 22
 –, toniger 22
 –, verdichteter 23
 -verdichtung 21, 23
 -vorbereitung 21
Bodendeckerrosen 85
Bohnen 47, 113
Bohnenkraut 154
Brennnessel 22
 -jauche 48, 49
Brombeere 63
Buchs 100, 105, 136

Buchsbaumpilz 104
Buchsbaumzünsler 136
Buschbohne 154

Chili 34, 38, 39
Chinesischer Scheinlorbeer 101
Containerpflanzen 114 f.
Cranberries 65

Dickmaulrüssler 136
Dill 49, 154
Dirndlstrauch 94
Dufsteinrich 153
Düngen 124 f., 159
 –, biologisch 124
 –, organisch 124
Dünger 23, 25
 –, organische 125
Dunkelkeimer 112
Dunkelrote Blasenspiere 99

Edelrosen 84
Efeu 14, 150
Effektive Mikroorganismen (EM) 138
Eibe 92, 105
Eisbergsalat 42
Eisheilige 41, 86
Elfenblume 150
Endiviensalat 42
englische Gärten 89
Englische Rosen 83, 85
Erdäpfel 34
Erdballen 114
Erdbeere 60
Erdbeer-Jasmin 94
Erdkeller 15
Erdprobe 22
Erdsäcke 28
Erle 98
Ernte 43
Estragon 49
Etagenzwiebel 46

Farne 160
Feldahorn 99
Feldsalat 42, 112
Felsenbirne 94, 96
Fertigerde 28
Fetthenne 163
Fingerhut 150
Fleißiges Lieschen 161
Flieder 81, 126
Florfliege 131
Forsythie 94, 126
Frauenmantel 150
Fruchttriebe 127
Frühbeet 17
Frühlingsblumenwiese 145
Fuchsie 161
Funkie 160

Gänseblümchen 157
Gänsekresse 163
Gartenhibiskus 94
Geißblatt 91
Gelbsenf 23
Gelbtafeln 135
Gelsen 122
Gemüse 27, 33 f., 156 f.
 -garten 154 f.
Gemüsepaprika 39

Gewächshaus 17, 111
Gewürzstrauch 107
Gießen 118 ff.
Gitterkorb 66, 81
Glockenblume 163
Goldglöckchen 94
Goldregen 97
Greiskraut 150
Gründüngung 23
Gurke 113, 154

Hainbuche 92
Halbschatten 143
Hanggärten 15, 162 f.
Hängebuche 99
Hänge-Lebkuchenbaum 106
Hängezierapfel 97
Haselnuss 126
Hauswurz 15, 163
Hecken 92, 114
Heidelbeere 64 ff.
Heidenelke 163
Herzlilie 150
Heu-Methode 45
Hexenbesen 103
Himbeere 33, 61
Historische Rosen 84
Hochbeet 43, 46, 65, 146 f.
Hokkaido-Kürbis 47
Holunder 98
Holunderblattjauche 133
Hornspäne 124 f.
Hornspäne 27, 41 f., 48, 51, 54 f., 87
Hosta 150
Huflattich 22
Humus 22 ff.
Hungerblümchen 22, 163

Igel 132
Immergrün 150
Immergrüne Magnolie 101
Immergrüner Schneeball 101
Indianerbanane 106
Indianernessel 150
Insektenwiese 87

Japanische Kaisereiche 99
Japanische Ulme 106
Japanischer Ahorn 91
Jasmin 91
Johannisbeere 62
Judasbaum 95
Jungfer im Grünen 153
Junikäfer 135

Kamelie 136
Kamillentee 112
Kapuzinerkresse 86, 154
Karotte 47, 52, 157
Kartoffel 21, 34, 44, 45, 154
Kartoffelrose 15
Katzenminze 150
Keimlinge 112
Kerbel 49
Kiesbeet 23
Kiesgarten 158 f.
Kiesgarten 90
Kirschbaum 70
Kirschfruchtfliege 135
Kirschlorbeer 100, 136
Kletterrosen 85
Knoblauch 46, 53, 154
Kohl 154

Kohlrabi 47
Kokosfasern 29
Kompost 125
Kompost 23 ff., 29, 41 f., 62, 87, 125
 -erde 46
 -haufen 26, 28, 41, 146
Kopfsalat 154
Kopfweide 99
Kornelkirsche 126
Krankheiten 131 ff., 138
Kraterbeet 16
Kräuselkrankheit 74 f., 139
Kraut- und Braunfäule 36 f., 44 f., 139
Kräuter 23, 48, 157
 -öle 53
Kresse 49, 53, 154
 -test 29
Kriechender Hahnenfuß 22
Kriech-Färberginster 102
Krokus 145
Kugelahorn 104
Kugel-Blumenesche 105
Kugelrobinie 104
Kugel-Steppenkirsche 105
Kunstdünger 124 f.
Kürbis 27, 47, 112 f.

Laub 24, 25, 27
Lauberdenkompost 101
Lauch 46
Laufkäfer 117, 132
Läuse 137
Lavendel 150, 159
Leberblümchen 150
Lebkuchenbaum 97
Lerchensporn 163
Lichtkeimer 112
Liebesperlenstrauch 94
Liebstöckel 48
Liguster 92
Lilienhähnchen 46
Linde 99
 –, Kaiser- 99
 –, Sommer- 99
 –, Winter- 99
Löwenmaul 153
Löwenzahn 22
Lupine 88, 150

Magnolie 94
Maiglöckchen 150
Maikäfer 135
Mandelbäumchen 91
Mangold 113
Marienkäfer 131, 133
 –, Asiatischer 136
Marille 72
Markiersaat 52
Mauerpfeffer 163
Maulwurfsgrille 135
mediterrane Kräuter 56
Mehltau 138
Melisse 49
Metzgerpalme 101
Mini-Apfelbaum 102
Mini-Bach 148
Mininarzisse 81
Mischkultur 24, 154
Mist 27, 125
Mixed borders 88
Mohn 22
Möhre 47, 154
Moorbeeterde 29

Moossteinbrech 163
Mulch 41, 53, 62
Mulchen 24f., 115f., 125, 155, 160
　–, Brennnessel 117
　-folie 117
　-material 17
　-papier 117
　–, Rasenschnitt 117
　–, Rinden- 117
　–, Tomatenblätter 117

Nadelgehölz 100
Napfschildlaus 135
Narzisse 81, 145
Nitrate 43
Nützlinge 15, 135, 162

Obstbaum 66, 114
Obstgehölze 126
Ohrwürmer 67
Oleander 118
Ölweide 159
Orchideenerde 29
Oregano 49, 159
Osterstrauch 94

Packungserde 29
Palmen 118
Palmkätzchen 91
Pappel 98
Paprika 34, 38
Paradeiser 36
Perlschläuche 119
Petersilie 48f., 52
Petunie 86
Pfefferoni 38
Pfeifenstrauch 94
Pfingstrose 88, 90, 150
Pfirsich 74
Pflanzenteile, kranke 27
Pflanzerde 29
Pflaumen 71
Pflücksalate 42, 156
Pilzkrankheiten 75
Planung 21
Platane 92
Präriegarten 90
Purpurglöckchen 150

Quarzsand 29, 113
Quelle 122

Radieschen 35, 52, 113, 154, 157
Ramblerrosen 85
Rasen 119, 125, 144 f.
　-schnitt 24, 26 f., 62
Regentonne 122
Regenwasser 119, 122
　-speicher 21
Regenwurmhumus 23
Rhododendron 101, 136, 161
Ribisel 62
Ringelblume 87, 153
Rittersporn 88, 90, 150
Rosen 79, 82 f., 114, 126, 136
Rosenblattrollwespe 134, 136
Rosenrost 75, 83, 139
Rosentriebbohrer 136
Rosmarin 48 f., 53, 56 f.
Rotbuche 92
Rucola 42, 157
Rutenkrankheit 61

Saatgut 35
Saatschale 86, 111
Salat 42, 113, 114, 156
Salbei 48 f., 53, 58, 159
Sanddorn 15, 159
Säulenäpfel 69
Säulenblasenbaum 97
Säulen-Eberesche 97
Säuleneibe 100
Säuleneiche 97
Säulen-Hainbuche 96

Säulen-Kirschen 70
Säulen-Spitzahorn 96
saurer Boden 64
Schachbrettblume 80
Schachtelhalmextrakt 75
Schädlinge 131 ff.
Schädlingsbekämpfung 162
Schafgarbe 150
Schafwolle 118
Scharkakrankheit 71
Schatten 13, 143, 160
　-balkon 161
Schildläuse 134
Schirmmagnolie 107
Schmierseife 117
Schmuckkörbchen 86 f., 153
Schnecken 117, 132, 153
Schneckenkorn 132
Schneeflockenstrauch 106
Schneeglöckchen 80, 145
Schneerose 150
Schnitt 126 f.
　–, Kugel- 126
　-regeln 127
　–, Stummel- 126
Schnittknoblauch 55
Schnittlauch 48 f., 54 f., 154, 157
Schorf 139
Seidelbast 102
Sellerie 154
Sichtschutz 13
Sieben-Söhne-des-Himmels-Strauch 106
Silberdistel 163
Silberkerze 150
Sitzplätze 15
Solar-Kollektor 16
Sommerazalee 153
Sommerblumen 86, 152 f.
Sommerflieder 91
Sonne 13, 16, 143
Sonnenblume 153
Spalier 70
Speisereste, gekochte 27
Spezialsubstrate 29
Spiegelbeet 89
Spinat 42, 113, 154, 157
Spinnmilbe 134
Spitzahorn 99
Sprudelstein 148
Stachelbeere 63
Stachelbeermehltau 63
Stangenbohne 154
Stauden 88, 89
Staudenbeete 150 f.
Staunässe 15, 21
Stechpalme 104
Steine 23
Steinmehl 49
Sternrußtau 83, 139
Stickstoff 125
Stiefmütterchen 157
Storchschnabel 150, 160 f.
Strauchkastanie 106
Strauchrosen 85
Streuobstwiesen 66
Strohblume 153
Studentenblume 87, 153

Taglilie 90, 150
Tausendblütenstrauch 94
Teich 148
Thripse 135
Thuje 93
Thymian 48 f., 53, 56, 58, 159, 163
Tomate 34, 36 f., 45, 50, 112, 154
Tonkegel 120
Topfballen 114
Torf 23, 29, 83
torffreie Erde 29
Tränendes Herz 150
Traubendorn 100

Trauerulme 99
Trauerweide 98 f.
Trichtermalve 153
Trockenbeet 159
Trockenmauer 162
Trockensteinmauer 15
Tröpfchenbewässerung 119 f.
Tulpen 81
Tulpenbaum 97

Überdüngung 43
Unkraut 117
　–, samentragendes 27

Vanille-Erdbeer-Hortensie 106
Veilchen 150, 157
Vogelmiere 22
Vogerlsalat 42
Vorfrühlingsalpenveilchen 80

Waldmeister 150
Wärmefalle 16
Wasser 148 f.
Wasser sparen 122
wasserspeicherndes Gel 120
Wassertriebe 127
Wegwarte 22
Weide 93, 126
Weinstöcke 17
Weiße Fliege 135
Wiesensalbei 22
Wildes Stiefmütterchen 22

Wildrosen 84
Wildsträucher 114
Wildsträucherhecke 93
Wildtulpen 159
Wind 14
Winterlinge 80
Winterschnitt 69
Wolfsmilch 150
Wühlmaus 66, 81, 133
Wurzelballen 114
Wurzellaus 135
Wurzelnackt 114

Zierapfel 95, 97
Zierkirsche 91
Zierlauch 81, 145
Zimbelkraut 163
Zimtahorn 106
Zinnie 153
Zinnkraut 138
Zucchini 40 f., 113
Zuckererbse 157
Zuckerhutfichte 103
Zwerg-Berberitze 102
Zwerg-Forsythie 102
Zwerg-Kastanie 102
Zwerg-Pfaffenhütchen 104
Zwerg-Sanddorn 105
Zwerg-Schmetterlingsflieder 102
Zwetschgen 71
Zwiebel 46, 154
Zwiebelblumen 80
Zypresse 105

Bildnachweis

Alexander Raths – shutterstock.com: 33
Baumjohann: 7l, 26, 108/109
Bildagentur Waldhäusl/Arco Images: 98
Bonnykassel – Fotolia.com: 70
Borkowski: 79, 152
Borstell: 2/3, 6r, 76/77
DLeonis – Fotolia.com: 39
Engelmayer Klaus: 4l, 5r, 6l, 7r, 8, 10/11, 12, 20, 25, 32, 37, 38, 56, 62, 68, 72, 78, 84, 89, 110, 121, 124, 130, 142, 155, 167
Flora Press/BIOSPHOTO/Lamontagne: 27
Flora Press/BIOSPHOTO/Patrick Sabonnadière: 40
Flora Press/Gisela Caspersen: 140/141
Flora Press/Magdalena Wasiczek: 1
Flora Press/Otmar Diez: 36
Flora Press/Sonja Bannick: 5l, 30/31
Flora Press/The Garden Collection/FLPA: 44
Flora Press/The Garden Collection/Modeste Herwig: 52
Flora Press/The Garden Collection/Neil Sutherland: 4r, 18/19
Flora Press/Thomas Lohrer: 128/129
Flora Press/Visions: 53
GAP Photos/Abigail Rex: 14
GAP Photos/Adrian Bloom: 90
GAP Photos/Anne Green-Armytage – Design: Chris Donoghue: 49
GAP Photos/BBC Magazines Ltd.: 112
GAP Photos/Carole Drake – Courtesy Mrs Julia Smith: 134
GAP Photos/Carole Drake: 107
GAP Photos/Dave Bevan: 71, 131
GAP Photos/FhF Greenmedia: 65
GAP Photos/Gary Smith: 17, 54
GAP Photos/Hanneke Reijbroek – Design: Raine Clarke-Wills/Chris Holland: 104
GAP Photos/Heather Edwards: 80
GAP Photos/Howard Rice: 61
GAP Photos/Jenny Lilly – Designer Harry Turner: 81

GAP Photos/Jenny Lilly: 149
GAP Photos/Jerry Harpur – Design: Helen Dillon: 150
GAP Photos/Jerry Harpur: 74
GAP Photos/Jo Whitworth: 50
GAP Photos/John Glover: 161
GAP Photos/Juliette Wade: 91
GAP Photos/Lynn Keddie - Design: Nigel Dunnett and The Landscape Agency: 163
GAP Photos/Lynn Keddie: 60
GAP Photos/Mark Bolton: 82, 96, 160
GAP Photos/Mark Winwood: 113
GAP Photos/Maxine Adcock: 34
GAP Photos/Michael Howes - RHS Hampton Court Palace Flower Show 2011,LOROS Hospice Garden of Light and Remembrance: 87
GAP Photos/Neil Holmes: 58, 100
GAP Photos/Paul Debois: 16, 118
GAP Photos/Pernilla Bergdahl: 64, 85, 151
GAP Photos/Rachel Warne: 13
GAP Photos/Richard Bloom: 92
GAP Photos/Robert Mabic: 156
GAP Photos/Simone Augustin – Location: Tuinfleur, van Delden/NL: 123
GAP Photos/Steven Wooster: 88
GAP Photo/Suzie Gibbons: 105
GAP Photos/Thomas Alamy: 57, 139, 158
GAP Photos/Tim Gainey: 63, 144
GAP Photos/Victora Firmston: 28
GAP Photos/Zara Napier: 21
GAP Photos: 43, 46, 47, 86, 118, 137
GBA/Nichols: 122
GBA/Wothe: 132, 133
Ingo Bartussek – Fotolia.com: 67
Marina Lohrbach – Fotolia.com: 115
Newman, Rita: 127, 143
Strauß: 35, 55, 59, 73, 75, 95, 101, 103, 111, 116, 138, 146
Vasilius – shutterstock: 22
www.gardena.de: 120

Über den Autor

Karl Ploberger begann schon in der Kindheit mit dem »Garteln«, wie er immer sagt. Im Selbststudium, durch zahlreiche Seminare und vor allem als Journalist widmete er sich vor allem dem biologischen Gartenbau und der Englischen Gartengestaltung. Sein privater Garten in Seewalchen ist eine Naturoase, die Vielbesucht ist und immer wieder in TV, Büchern und Magazinen vorgestellt wird. Karl Ploberger gilt mittlerweile als der Garten»guru« Österreichs und ist durch mehr als ein Dutzend Bücher (Gesamtauflage mehr als 250 000 Stk.), seine wöchentlichen Kolumnen in großen Tageszeitungen und seiner TV-Sendung »Natur im Garten«, die im öster. TV und in 3sat regelmäßig ausgestrahlt wird, bekannt. Pro Jahr hält er in Österreich, Deutschland und der Schweiz mehr als 150 Vorträge. Viele Infos gibt es unter www.biogaertner.at.

Impressum

Bibliografische Information der Deutschen Nationalbibliothek

Die Deutsche Nationalbibliothek verzeichnet diese Publikation in der Deutschen Nationalbibliografie; detaillierte bibliografische Daten sind im Internet über http://dnb.d-nb.de abrufbar.

Umschlagkonzeption: Kochan & Partner, München
Umschlagfotos: Engelmayer (vorne)
Engelmayer (hinten links und rechts), Strauß (Mitte)

Programmleitung Garten: Dr. Thomas Hagen
Lektorat: Brigitte Millan-Ruiz, Wien
Herstellung: Hermann Maxant
Layoutkonzept Innenteil: griesbeck design, München
Layout: Uhl + Massopust GmbH, Aalen

BLV Buchverlag
GmbH & Co. KG
80797 München

© 2014 BLV Buchverlag GmbH & Co. KG, München

Gedruckt auf chlorfrei gebleichtem Papier

Printed in Germany

ISBN 978-3-8354-1076-3

Das Werk einschließlich aller seiner Teile ist urheberrechtlich geschützt. Jede Verwertung außerhalb der engen Grenzen des Urheberrechtsgesetzes ist ohne Zustimmung des Verlags unzulässig und strafbar. Das gilt insbesondere für Vervielfältigungen, Übersetzungen, Mikroverfilmungen und die Einspeicherung und Verarbeitung in elektronischen Systemen.

Hinweis
Das vorliegende Buch wurde sorgfältig erarbeitet. Dennoch erfolgen alle Angaben ohne Gewähr. Weder Autoren noch Verlag können für eventuelle Nachteile oder Schäden, die aus den im Buch vorgestellten Informationen resultieren, eine Haftung übernehmen.